El Dió Dones a los Hombres

Una Perspectiva Bíblica Acerca de
Apóstoles, Profetas y Pastores

El Dió Dones a los Hombres

Una Perspectiva Bíblica Acerca de Apóstoles, Profetas y Pastores

KENNETH E. HAGIN

FAITH LIBRARY PUBLICATIONS ®

A menos que se indique lo contrario, todas las citas bíblicas de esta publicación han sido tomadas de la *Reina-Valera 1960*. Utilizado con permiso.

29 28 27 26 25 24 23 08 07 06 05 04 03 02

El Dió Dones A Los Hombres
ISBN-13: 978-0-89276-122-7
ISBN-10: 0-89276-122-9

Impreso en los Estados Unidos

English Title: *He Gave Gifts Unto Men*

En los Estados Unidos escriba a:
Kenneth Hagin Ministries
P.O. Box 50126
Tulsa, OK 74150-0126
1-888-28-FAITH
rhema.org

En el Canadá escriba a:
Kenneth Hagin Ministries of Canada
P.O. Box 335, Station D
Etobicoke (Toronto), Ontario
Canada M9A 4X3
1-866-70-RHEMA
rhemacanada.org

CONTENIDO

PREFACIO

Jesucristo, la Cabeza de la Iglesia, está preparando a Su Cuerpo para Su pronto retorno. Por ello es vital que aquellos que son llamados al Ministerio funcionen en el lugar que les corresponde en el Cuerpo de Cristo.

Se ha levantado controversia en nuestros días en cuanto a los roles del Apóstol y Profeta en el Cuerpo de Cristo. Algunos creyentes piensan que estos oficios ya no existen en la actualidad. Otros tienen un punto de vista radical en cuanto a la autoridad de estos oficios en la Iglesia local con relación al Pastor y los creyentes en general.

Este libro proporciona un punto de vista Escritural de los oficios del Apóstol, Profeta y Pastor, y su función en el Cuerpo de Cristo hoy en día. Estos oficios nunca fueron quitados del Cuerpo de Cristo, y tengo la convicción que Dios quiere traer balance Bíblico a esta área de la enseñanza.

SECCIÓN I

APÓSTOLES

Capítulo 1

Rangos o Clases de Apóstoles

...Subiendo a lo alto, llevó cautiva la cautividad, y DIÓ DONES A LOS HOMBRES...

Y él [Jesús] *mismo CONSTITUYÓ a unos, APÓSTOLES; a otros, Profetas; a otros, Evangelistas, y a otros, Pastores y Maestros.*

—Efesios 4: 8, 11

Y A UNOS PUSO DIOS EN LA IGLESIA, primeramente APÓSTOLES, luego Profetas, lo tercero Maestros, luego los que hacen milagros, después los que sanan, los que ayudan, los que administran, los que tienen don de lenguas.

—1 Corintios 12:28

Los Dones del Ministerio: Un Llamado *Divino*

En Efesios 4:11 se mencionan los cinco dones del ministerio. Un don del ministerio es depositado en una persona llamada por Dios a ministrar a tiempo completo en uno de los siguientes cinco oficios ministeriales: apóstol, profeta, evangelista, pastor y maestro.

Algunas personas dicen que en la Iglesia de nuestros días operan todos los dones del ministerio, excepto los oficios de apóstol y profeta. Pero, ¿en qué lugar de las Escrituras dice que Dios quitó alguna vez estos oficios de la Iglesia o que la Iglesia ya no necesita estos dones ministeriales?

Pablo escribió esta epístola a los Efesios muchos años después de los inicios de la Iglesia. Si Dios hubiera quitado de la Iglesia los oficios de apóstol y profeta, Pablo hubiera dicho, "Dios dio *Evangelistas* y *Pastores* y *Maestros* a la Iglesia". Pero no dijo eso. Dios dio los cinco dones del ministerio a la Iglesia y ellos nunca dejaron de funcionar. Todos están aún en operación, aún en nuestros días.

La Biblia nos dice por qué y por cuánto tiempo han sido dados los dones del ministerio a la Iglesia.

EFESIOS 4:12–13

12 A fin de perfeccionar a los santos para la obra del ministerio, para la edificación del cuerpo de Cristo,

13 hasta que todos lleguemos a la unidad de la fe y del conocimiento del Hijo de Dios, a un varón perfecto [espiritualmente maduro], **a la medida de la estatura de la plenitud de Cristo.**

Estos versos mencionan tres razones por las que los dones del ministerio fueron dados a la Iglesia:

1. Para perfeccionar a los santos.

2. Para la obra del ministerio.

3. Para la edificación del Cuerpo de Cristo.

En realidad, el griego indica que el significado es "perfeccionando a los santos para que ellos puedan hacer la obra del ministerio, trayendo como resultado la edificación del Cuerpo de Cristo".

Otra traducción dice que Dios dio los cinco dones del ministerio "para que Su santo pueblo estuviera listo para servir como obrero" (*El Nuevo Testamento en Lenguaje de Hoy*, William F. Beck). La traducción *Godspeed* dice que Dios dio los dones del ministerio a la Iglesia de manera que los santos puedan "alcanzar la madurez, y alcanzar esa medida de desarrollo que se halla en Cristo".

¿Durante cuánto tiempo estarán los dones del ministerio en la Iglesia? Efesios 4:13 dice, "*hasta que todos lleguemos a la unidad de la fe y del conocimiento del Hijo de Dios, a un varón perfecto* [espiritualmente maduro], *a la medida de la estatura de la plenitud de Cristo".*

No permita que las palabras "perfeccionar" o "perfecto" en los versos 12 y 13 lo confundan. Nosotros nunca seremos perfectos o perfeccionados en la carne. Mientras estemos en estos cuerpos mortales, nunca alcanzaremos la perfección en el sentido que muchos la entienden. Realmente la palabra "perfecto" aquí significa *maduro* o *hombre completo*. La Biblia está hablando aquí de *madurez espiritual*.

La Iglesia siempre necesitará de los dones del ministerio—de aquellos llamados a los oficios de apóstol, profeta, evangelista, pastor y maestro—porque como cuerpo de creyentes, siempre estaremos en el proceso de crecimiento hacia la plena estatura de Cristo. Aún cuando Jesús retorne, habrá aquellos en el Cuerpo de Cristo que recién serán salvos y bebés espirituales.

Hay una unción que va con cada uno de estos cinco dones ministeriales. Y como ministros de Dios en esos diferentes oficios, la unción del Espíritu Santo es distribuida en diferentes medidas y opera de diferente manera en cada oficio. Pero todos los dones del ministerio son dados para la edificación o crecimiento espiritual del Cuerpo de Cristo.

Hay una unción sobre cada don del ministerio—el ministro a tiempo completo—que no está sobre las personas laicas. Ningún laico puede tomar el lugar de los dones del ministerio que Dios ha puesto en la Iglesia. Por supuesto, los laicos pueden testificar de Dios y hacer mucho para promover el crecimiento del reino de Dios. Y hablando en sentido general, cada uno está en el ministerio para servir como obrero en el Cuerpo de Cristo.

Pero los dones del ministerio son personas llamadas a ministrar a tiempo completo, ungidas por Dios para ayudar en el equipamiento y madurez de los santos. A menos que tengamos la manifestación y operación de estos dones del ministerio en la Iglesia, los santos no madurarán, ni serán equipados como deberían para hacer la obra del ministerio.

Note algo más acerca de los dones del ministerio. En Efesios 4:11, dice que Jesús *dio* estos dones del ministerio a los hombres. En Primera de Corintios 12:28, dice que Dios *puso* dones del ministerio en la Iglesia. *Dios* dio los dones del ministerio al hombre, y *Dios* los puso en la Iglesia—no el hombre. Hay una gran diferencia.

Usted no entra en fase alguna del ministerio simplemente por quererlo, o porque otra persona se lo dijo, o porque alguien se lo profetizó. Ningún hombre lo llama a usted al ministerio; es un llamado *divino*. Únicamente Dios coloca a hombres y mujeres en oficios de los dones del ministerio.

Y a quienes Dios llama *al* ministerio, Él los equipa *para* ministrar. Dios unge a aquellos llamados al ministerio y les da la *habilidad espiritual* para operar en el oficio para el cual los llamó.

Tan importante como es tener formación y aspiraciones para alcanzar el éxito, se necesita más que formación y aspiraciones si queremos ser exitosos en el ministerio. Necesitamos un ministerio equipado con los dones sobrenaturales—un equipamiento sobrenatural.

El ministerio consiste, no en *nombre*, sino en el *poder* que el Señor Jesucristo, la Cabeza de la Iglesia, confiere a una persona para ocupar un oficio ministerial. Me asombra ver personas que van alrededor llamándose a sí mismos con ciertos títulos. Poner una etiqueta sobre algo no hace que lo sea. Usted puede poner una etiqueta sobre un envase vacío, ¡pero ello no coloca nada dentro del envase!

La Biblia dice que el Señor Jesucristo Mismo *dio* dones ministeriales al Cuerpo de Cristo. Sin embargo, algunas personas presuntuosamente van por allí imponiendo manos sobre otras y supuestamente colocándolas en diferentes oficios ministeriales. ¡Eso es imposible! Yo llamo a esto "imponer manos vacías sobre cabezas vacías". Y esto causa problemas en el Cuerpo de Cristo debido a que alienta a muchos a entrar en oficios del ministerio para los cuales ellos no tienen unción ni han sido llamados.

Amigos, ustedes no pueden meterse en un ministerio al cual no han sido llamados por Dios. Es peligroso hacerlo. Eso podría costarles la vida. He visto ministros morir jóvenes porque no hicieron lo que Dios les dijo que hicieran y entraron en oficios ministeriales a los que no fueron llamados.

Nadie puede "poner" a otra persona en un oficio del ministerio. Solo Dios *coloca* personas en esos oficios. Otras personas pueden reconocer tal llamado, pero es Dios quien llama y coloca estos dones ministeriales en la Iglesia.

Algunas veces escuchamos a las personas decir, "Quiero trabajar para Dios, pero no sé si soy llamado o no". Si usted no sabe si es o no llamado al ministerio, probablemente no lo sea. Como verá, si dentro de usted está el *'predicar* o *enseñar,'* esto saldrá. No se le enseña a un gallo a cantar; simplemente lo hace porque el cantar está en él. Y si el predicar o enseñar está en usted, esto saldrá.

Algunas personas dicen, "Yo no tuve ningún llamado al ministerio. Simplemente vi una necesidad y la suplí". Bueno, eso puede ser verdad, pero ello no lo coloca en uno de los oficios ministeriales.

En realidad, cada uno de nosotros debería ser capaz de ministrar a otros. Hay un sentido general, evidentemente, en el cual cada creyente es un predicador. Todo laico debería ser un predicador debido a que predicar significa *proclamar* o *decir* las Buenas Nuevas del Evangelio.

Pero sin embargo, eso no califica a una persona para estar en uno de estos oficios ministeriales. Entrar en un oficio ministerial requiere un llamado *divino.* Dios hace el *llamado* divino al ministerio; Él confiere el *equipamiento* espiritual para ministrar; y Él demanda ciertos *requisitos* para quienes están en el ministerio.

El método particular por el cual Dios llama a una persona al ministerio no es importante. Lo que es importante es la obediencia de la persona al llamado de Dios.

VISITACIÓN DIVINA

En 1987 tuve una visitación del Señor. El Señor Jesucristo se me apareció y me habló. La experiencia entera duró dos horas y cincuenta minutos. Algunas de las cosas que el Señor me dijo en aquella visitación, se encuentran en el libro *Planes, Propósitos y Ejecuciones*.

En aquella visitación, Jesús habló conmigo acerca de Su plan para la Iglesia del Nuevo Testamento y cómo Su plan para la Iglesia en cuanto a la adoración es también diferente bajo el Nuevo Pacto de lo que fue bajo el Antiguo Pacto.

Entonces, Él comenzó a hablarme acerca de Sus planes para la Iglesia en lo concerniente al ministerio. Su plan para la Iglesia en cuanto al ministerio es también diferente bajo el Nuevo Pacto de lo que era bajo el Antiguo Pacto. Y en esta conversación, Él comenzó a hablarme acerca de los *dones del ministerio* que ha colocado en la Iglesia.

En este libro compartiré con usted algunas de las diferencias en el plan de Jesús para el *ministerio* bajo el Nuevo Pacto, especialmente en lo concerniente a los oficios del apóstol, profeta y pastor.

Poco después de la visitación de 1987, al parecer se levantó controversia en diferentes partes del Cuerpo de Cristo, particularmente en lo concerniente a los oficios del apóstol y profeta. Por supuesto, Jesús conocía los errores doctrinales que se levantarían en la Iglesia. Yo creo que Él trató sobre estos asuntos para mantener el balance y evitar que ministros caigan doctrinalmente hablando, en una zanja.

Como podrán ver, hay un elemento de verdad en todo error doctrinal. Usualmente el error ocurre cuando las personas llevan las verdades bíblicas hasta el extremo. En realidad, tiene que haber un elemento de verdad involucrado en estas tangentes espirituales o nadie las creería; el error sería demasiado obvio.

Yo estoy contra los extremos en toda materia. Las personas pueden ir a un extremo incluso en cuanto a la fe. Es por ello que yo animo a las personas a no caer en la zanja—en extremos y excesos—en ningún área. Sólo manténgase en el centro del camino. Muchos de estos errores en cuanto a los oficios del apóstol y del profeta son debidos a la falta de enseñanza correcta en esta área.

En la visitación de 1987, Jesús comenzó a hablar acerca del oficio del apóstol. Él dijo, "Hay cuatro clases o rangos de apóstoles. Y dentro de esas diferentes clases o rangos, los apóstoles pueden tener diferentes grados o medidas de unción".

Jesús continuó, "No sólo hay diferentes clases de apóstoles, pero hay también diferentes clases de profetas, evangelistas, pastores y maestros. Y hay diferentes grados de unción dentro de esas diferentes clases".

Pienso que todos hemos visto personas en estos diferentes oficios, ministrando bajo diversos grados de unción. Aún en el oficio pastoral, algunos pastores llevan un diferente tipo o medida de unción que otros. Y nosotros vemos evangelistas, profetas y maestros con diferentes grados de unción sobre ellos. Esto mismo es verdad en el oficio apostólico.

Primera Clase de Apóstol: Jesucristo

Por supuesto, Jesús encabeza la lista de cada uno de los cinco dones del ministerio.

La Biblia llama a Jesús un Apóstol. La palabra griega traducida "apóstol" también significa un *mensajero*, *alguien enviado*, o *comisionado*. Hebreos 3:1

dice, *"...considerad al APÓSTOL y Sumo Sacerdote de nuestra profesión, Jesucristo"*.

Jesús ciertamente fue comisionado, ¿no es así? Jesús está a la Cabeza de la lista de los que han sido enviados. Él es llamado apóstol debido a que en Su ministerio terrenal Él fue un *Enviado*, un *Mensajero*, *Alguien Comisionado* para llevar las Buenas Nuevas de salvación al mundo.

Luego Jesús se llamó a Sí Mismo *Profeta* (Mateo 13:57). El también ocupó el oficio de *Evangelista* debido a que proclamó las Buenas Nuevas de salvación (Lucas 19:10). Jesús fue un *Pastor*; Él se llamó a Sí Mismo el Buen Pastor (Juan 10:11–16). Y Él fue un *Maestro*; una de las facetas principales del ministerio de Jesús fue la de enseñar a la gente (Mateo 9:35).

Jesús por Sí Mismo está en una clase especial en cada don del ministerio. Nadie más podrá estar colocado en esta clase más alta, debido a que Jesús tenía el Espíritu sin medida. Los creyentes tienen el Espíritu *por* medida (Romanos 12:3).

Para decirlo de otra manera, Jesús tenía un *grado de unción* sobre Él en Su ministerio terrenal que nadie más tendrá. Los creyentes tienen *una medida* de esa misma unción sobre ellos debido a que tienen el Espíritu Santo. Y es probable que el Cuerpo de Cristo *en su totalidad* tenga la misma medida de unción que Jesús tenía sobre Él cuando estaba sobre la tierra. Pero ciertamente ningún otro individuo ha sido o será ungido en ese mismo grado o medida en que Jesús lo estuvo.

Esto no tiene que traer confusión en cuanto al tema de la Deidad de Jesús. Como Persona Misma, Jesús es el eterno Hijo de Dios, el Segundo miembro de la Trinidad. Él es Dios el Hijo, manifestado en la carne. Pero cuando vino a esta tierra, Él se despojó a Sí Mismo de todo privilegio divino (Filipenses 2:5–8) y ministró como hombre.

Tomando Jesús en Sí Mismo una naturaleza humana, escogió rendir el ejercicio independiente de Sus poderes divinos. En ningún momento Jesús cesó de ser Dios, pero Él operó como un hombre ungido por el Espíritu Santo.

Nosotros podemos comprender esto mejor si entendemos que Jesús, antes de Su encarnación, coexistió igual y eternamente con Dios el Padre y Dios el Espíritu Santo. Él compartió con ellos todos los privilegios de la Deidad, tales como la omnisciencia (conociéndolo todo), omnipotencia (siendo Todopoderoso), y omnipresencia (estando en todo lugar a la vez).

Cuando Jesús se hizo bebé en Belén, Él fue Emmanuel, que significa "Dios con nosotros". Él fue Dios manifestado en la carne. Él nunca cesó de ser Dios, ni perdió Su divinidad, sino que puso a un lado ciertos privilegios de la Deidad y se restringió El mismo a ciertas limitaciones humanas.

Aunque Jesús fue Divino y sin pecado, Él no operó como alguien que fuera omnisciente. Mas bien, Él *creció* en sabiduría (Lucas 2:52). Él no operó como alguien que fuera omnipotente; sino que dijo que no podía hacer nada por Sí Mismo (Juan 5:19, 30). Él no operó como alguien que era omnipresente, sino que estuvo limitado a un cuerpo humano el cual fue posteriormente clavado en la Cruz y gloriosamente resucitado en cumplimiento del plan redentor de Dios.

Entonces, Jesús nunca cesó de ser Dios, pero escogió venir a la tierra como Hombre, y ministró bajo el poder y unción del Espíritu Santo. Pero debido a que tenía el Espíritu sin medida (Juan 3:34), Jesús por Sí Mismo ocupa un lugar o clase especial en cada uno de los cinco dones del ministerio, incluyendo el oficio de Apóstol.

En la visitación de 1987, Jesús me habló de las otras clases o rangos de Apóstoles.

Segunda Clase de Apóstoles: Los Apóstoles del Cordero

Los doce apóstoles del Cordero están en la segunda clase de apóstoles. Jesús me dijo "Los apóstoles del Cordero están también en una clase única. Nadie más podrá estar en esa clase, porque no hay más apóstoles del Cordero".

En el Libro de Apocalipsis, la Palabra de Dios habla acerca de los doce Apóstoles del Cordero.

APOCALIPSIS 21:14
14 Y el muro de la ciudad tenía doce CIMIENTOS, y sobre ellos los doce nombres de los doce APÓSTOLES DEL CORDERO.

Hay sólo doce apóstoles del Cordero y nadie, excepto los doce apóstoles que acompañaron a Jesús estarán en esa segunda clase de apóstol. Nadie más podría estar en esa segunda clase debido a que los apóstoles del Cordero fueron *enviados* para un tiempo y propósito específicos.

¿Con qué propósito fueron *enviados* estos doce apóstoles? ¿Fueron ellos enviados para gobernar Iglesias? Enfáticamente ¡no! Ellos fueron enviados para ser testigos oculares de la vida, ministerio terrenal y resurrección de Jesús. Vemos esto en las Escrituras.

REQUISITOS DE LOS APÓSTOLES DEL CORDERO

HECHOS 1:15–22

15 En aquellos días Pedro se levantó en medio de los hermanos (y los reunidos eran como ciento veinte en número) y dijo:

16 Varones hermanos, era necesario que se cumpliese la Escritura en que el Espíritu Santo habló antes por boca de David acerca de Judas, que fue guía de los que prendieron a Jesús,

17 y era contado con nosotros, y tenía parte en este ministerio.

18 Este, pues, con el salario de su iniquidad, adquirió un campo, y cayendo de cabeza, se reventó por la mitad, y todas sus entrañas se derramaron.

19 Y fue notorio a todos los habitantes de Jerusalén, de tal manera que aquel campo se llama en su propia lengua, Acéldama, que quiere decir Campo de sangre.

20 Porque está escrito en el libro de los Salmos: Sea hecha desierta su habitación, y no haya quien more en ella; y: Tome otro su oficio.

21 Es necesario, pues, que de estos hombres [note las calificaciones] **QUE HAN ESTADO JUNTOS CON NOSOTROS TODO EL TIEMPO QUE EL SEÑOR JESÚS ENTRABA Y SALÍA ENTRE NOSOTROS,**

22 COMENZANDO DESDE EL BAUTISMO DE JUAN HASTA EL DÍA EN QUE DE ENTRE NOSOTROS FUE RECIBIDO ARRIBA [Resurrección de Jesús], **uno SEA HECHO TESTIGO con nosotros, DE SU RESURRECCIÓN.**

La primera y más obvia característica de los apóstoles del Cordero es que ellos fueron *ministros del Evangelio.* Esto significa que ellos fueron primeramente predicadores y Maestros de la Palabra.

Segundo, podemos ver que ellos fueron hombres *"...que han estado juntos con nosotros todo el tiempo que el señor Jesús entraba y salía entre nosotros"* (v. 21). Ellos debían ser testigos oculares del ministerio terrenal de Jesús.

Tercero, los doce apóstoles del Cordero tenían que ser *enviados* con el propósito de ser testigos oculares de la resurrección de Jesús: *"...uno sea hecho testigo con nosotros, de su resurrección"* (v. 22).

En otras palabras, los apóstoles del Cordero tenían que ser hombres que estuvieron con Jesús durante Su ministerio terrenal y que fueron testigos de Su resurrección. Es por eso que los Doce Apóstoles están en una clase separada.

En la visitación de 1987, Jesús llamó a esta segunda clase de apóstoles, los apóstoles del Cordero, *Apóstoles fundacionales* debido a que Dios los usó para ayudar a establecer la doctrina del Nuevo Testamento (Efesios 2:20). Y algunos de ellos escribieron varios libros de la Biblia.

Recuerde que cuando Judas traicionó a Jesús, los apóstoles tuvieron que seleccionar a otro hombre para que tomara su lugar. Este hombre tenía que ser alguien que había estado entre ellos y había sido también testigo del ministerio y la resurrección de Jesús. Matías fue escogido para tomar el lugar de Judas.

Algunas personas dicen que cuando los apóstoles escogieron a Matías para tomar el lugar de Judas, ellos cometieron un error porque Pablo debió haber sido escogido e incluido como un apóstol del Cordero.

Pero Pablo *no podía* calificar como apóstol del Cordero debido a que no fue un testigo ocular del ministerio de Jesús. Pablo no había nacido de nuevo cuando Jesús caminó sobre la tierra. Pablo no caminó en compañía de Jesús y Sus discípulos durante los tres años del ministerio terrenal de Jesús. Y Pablo no fue un testigo ocular de la resurrección de Jesús.

Hay también aquellos que dicen que sólo hubo doce apóstoles y que el oficio apostólico cesó con esos doce apóstoles. En otras palabras, ellos dicen que los apóstoles del Cordero son todos los apóstoles que ha habido o habrán en el Cuerpo de Cristo.

Pero lea otra vez el Nuevo Testamento y encontrará que hubo aproximadamente veinte personas llamadas apóstoles o "enviados". (Para un posterior estudio en esta materia, vea el libro del Rev. Kenneth E. Hagin, "Los Dones del Ministerio"). Por lo tanto, el oficio del apóstol no cesó con los apóstoles del Cordero.

Tercera Clase de Apóstol: Otros Apóstoles Fundacionales

La tercera clase de apóstol está en el rango o clase de apóstol en la que Pablo estuvo. Una característica de los apóstoles en esta clase es que ellos también ayudaron a colocar el fundamento doctrinal del Nuevo Testamento.

En la visitación de 1987, Jesús también me dijo, "los apóstoles fundacionales se hallan en la segunda y tercera clase de apóstoles. Los apóstoles y profetas de ese rango o nivel fueron ungidos para establecer la doctrina del Nuevo Testamento".

Los apóstoles y profetas de la segunda y tercera clase deben ser considerados apóstoles y profetas *fundacionales* debido a que el Evangelio del Nuevo Testamento les fue revelado a ellos.

Pablo estuvo en esa tercera clase de apóstoles y profetas fundacionales del Nuevo Testamento. Él escribió una gran porción del Nuevo Testamento, y ningún hombre le enseñó la revelación del misterio de Cristo; él lo recibió del Espíritu Santo.

EFESIOS 3:4–5
4 Leyendo lo cual podéis entender cuál sea MI CONOCIMIENTO EN EL MISTERIO DE CRISTO,
5 misterio que en otras generaciones no se dio a conocer a los hijos de los hombres, como ahora es REVELADO a sus santos APÓSTOLES y PROFETAS por el Espíritu.

Pablo predicó la revelación del Evangelio a los primeros santos del Nuevo Testamento, de manera que nosotros no tenemos que establecer ningún otro fundamento. Nosotros sólo necesitamos edificar sobre el fundamento que ya ha sido colocado para nosotros en el Nuevo Testamento.

EFESIOS 2:19–20
19 Así que ya no sois extranjeros ni advenedizos, sino conciudadanos de los santos, y miembros de la familia de Dios,
20 EDIFICADOS SOBRE EL FUNDAMENTO DE LOS APÓSTOLES Y PROFETAS, siendo la principal piedra del ángulo Jesucristo mismo.

La Iglesia—el Cuerpo de Cristo—está edificada sobre el fundamento que los apóstoles y profetas ya han colocado para nosotros en el Nuevo Testamento. Ahora nosotros tenemos que *edificar* sobre ese fundamento.

1 CORINTIOS 3:10
10 Conforme a la gracia de Dios que me ha sido dada, yo como perito arquitecto PUSE EL FUNDAMENTO, y otro edifica encima; pero cada uno mire como sobreedifica.

Nadie en la actualidad está recibiendo revelación adicional que *añada* algo al fundamento del Evangelio, debido a que ya tenemos la revelación del Nuevo Testamento.

Pablo dijo, *"Mas si aun nosotros, o un ángel del cielo, os anunciare otro evangelio diferente del que os hemos anunciado, sea anatema"* (Gálatas1:8). Pablo advirtió que debemos tener cuidado de cómo edificábamos sobre el fundamento que ya había sido puesto (1 Corintios 3:10). Nosotros no podemos agregar o quitar de él.

Apóstoles No Fundacionales de la Actualidad

Luego, en la visitación, Jesús me dijo algo muy interesante. Él dijo, "Hay apóstoles no fundacionales y profetas no fundacionales en la actualidad. No hay apóstoles o profetas en el mismo *nivel* o *autoridad* o en el mismo *rango* o en el mismo *grado de unción* que los apóstoles y profetas de la Iglesia en sus inicios. Nadie en la Iglesia de hoy está en la segunda o tercera clase".

Como verá, cuando Jesús se me apareció en 1987, yo no sabía exactamente por qué Él me estaba explicando estas cosas. Pero desde que Jesús habló conmigo en esa visitación, empecé a notar algunos errores surgiendo en el Cuerpo de Cristo, particularmente en el tema de apóstoles y profetas. Entonces, yo pude entender claramente por qué Jesucristo, la Cabeza de la Iglesia, trató tan extensamente conmigo estos importantes puntos doctrinales.

Nosotros veremos algunos de estos errores de la actualidad a la luz de las Escrituras.

Primero, algunas personas actualmente afirman que, para tener un gobierno apropiado de la Iglesia del Nuevo Testamento, los cinco dones ministeriales deben operar en cada Iglesia local y formar parte del *gobierno* de cada una de ellas. (Discutiremos este error posteriormente en este libro.)

Segundo, esta enseñanza errónea dice que, puesto que los apóstoles son mencionados en primer lugar en la lista de los dones del ministerio en Efesios 4:11, esto significa que ellos tienen preeminencia sobre todos los otros dones del ministerio. Al suponer que los apóstoles tienen preeminencia, algunas personas asumen que los apóstoles deberían gobernar sobre todos los otros dones del ministerio en el cuerpo local, incluyendo el Pastor.

Tercero, ellos enseñan que los apóstoles y profetas de los tiempos modernos supuestamente, aún están colocando fundamento y doctrina del Nuevo Testamento. Y ellos afirman, que si usted no tiene un apóstol gobernando su Iglesia y un profeta guiándola, usted no tiene un fundamento correcto del Nuevo Testamento.

Yo creo que por esta razón Jesús me dijo tan enfáticamente en la visitación que tuve, "*no hay* apóstoles y profetas fundacionales en la actualidad". Jesús sabía que este error surgiría en el Cuerpo de Cristo.

Jesús continuó explicando que si hubiera apóstoles y profetas en nuestros días que estuviesen en el mismo rango o nivel de Pablo, por ejemplo, ellos podrían añadir a la doctrina del Nuevo Testamento.

Como verá, algunas personas hoy en día se han ido hasta el extremo en lo que ellos enseñan acerca del oficio apostólico y han caído en error. En primer lugar, no es bíblico que se coloque un fundamento adicional a la Iglesia en la actualidad.

Jesucristo es la Piedra del Ángulo. Si en la actualidad necesitásemos apóstoles que colocaran otro fundamento, necesitaríamos entonces otra piedra angular, ¡porque la piedra angular es parte del fundamento! Usted puede ver cuán absurdo es todo esto.

No, nosotros tenemos el mismo Evangelio, el mismo Cristo, y el mismo fundamento que fue colocado para nosotros por los apóstoles y profetas fundacionales, y solamente estamos edificando sobre ese seguro fundamento.

Piense acerca de esto. Usted nunca logrará edificar una casa si continuamente tiene que colocar el fundamento, una y otra vez. Si usted coloca el fundamento en una semana, y lo quita a la siguiente para colocar un nuevo fundamento, nunca terminará de construir la casa.

No, usted tiene que dejar el fundamento en su lugar y continuar edificando sobre él. Ésta es la razón por la que Jesús me dijo que en la actualidad no hay apóstoles ni profetas fundacionales; el fundamento ha sido colocado, y es un fundamento seguro—uno sobre el cual la Iglesia de hoy puede edificar con seguridad.

Aparte de esto, nadie en la Iglesia de nuestros tiempos está en esta tercera clase de apóstoles. Si los hubiera, ellos podrían añadir al Nuevo Testamento. Pero nadie puede hacerlo, debido a que en la actualidad no se tiene el grado de unción para estar en tal oficio y para añadir doctrina adicional a la Iglesia.

Segundo, esta doctrina está en error debido a que es erróneo asumir que los apóstoles son mencionados en primer lugar en las listas de Efesios 4:11 y Primera de Corintios 12:28 debido a que ellos son el don del ministerio más importante. Ellos *no* están registrados allí en primer lugar para indicar que deben gobernar sobre todos los otros dones del ministerio. Necesitamos comprender cómo evolucionaron los dones del ministerio en la Iglesia durante sus inicios para que nos ayude a entender por qué Pablo probablemente los citó en ese orden.

La Infancia de la Iglesia y la Evolución del Ministerio

Por no dividir correctamente la Palabra de Dios, algunas personas han representado mal el oficio del apóstol y lo han llevado hasta el extremo. Todo aquello que es llevado hasta el extremo está en error.

Es necesario interpretar las Escrituras a la luz de otras Escrituras en el mismo tema. Por lo tanto, para dividir correctamente la Palabra de verdad en cada materia, es necesario que se tomen todas las Escrituras referentes a dicha materia y estudiarlas a la luz de lo que la Biblia en su totalidad tiene que decir sobre ese tema.

Al asumir que el apóstol está en primer lugar en la lista debido a que tiene preeminencia sobre todos los otros dones del ministerio, algunas personas van de Iglesia en Iglesia en una actitud dictatorial, declarando que son apóstoles y demandando que las personas e Iglesias se sometan a ellos.

Obviamente, en el establecimiento de la *Iglesia Universal* luego de la resurrección de Jesús, los apóstoles y profetas fueron de primaria importancia, debido a que ellos trajeron la revelación del Nuevo Testamento que es el fundamento sobre el cual la Iglesia en todas las generaciones sería establecida.

Sin embargo, en términos del funcionamiento de la *Iglesia local* de la actualidad, Primera de Corintios 12:28 no podría referirse a los oficios de apóstol y profeta, como los oficios más importantes o los oficios de gobierno en la Iglesia local, debido a que Pablo menciona a los que gobiernan en una categoría completamente separada.

Por lo tanto, Pablo no mencionó los dones del ministerio en su orden de importancia dentro de la Iglesia local, debido a que en el pasaje de Primera de Corintios 12:28 coloca a los maestros en tercer lugar. Por otro lado, en Efesios 4:11 él registra el oficio del maestro al final. Esto no es consistente.

Además, asumiendo que Pablo al mencionar "los que administran" [en la Versión *Reina Valera* dice "los que gobiernan"] se refiere al oficio pastoral, en Primera de Corintios 12:28, él mismo coloca en la lista al ministerio de ayudas antes que el oficio pastoral. Si él los estuviera citando por su importancia en la Iglesia local de la actualidad, entonces ¡los maestros y el ministerio de ayudas tendrían autoridad sobre el pastor en la asamblea local!

Y esto no es bíblico. De acuerdo a la lista en Efesios 4:11, eso significaría que el evangelista estaría en autoridad sobre el pastor en la Iglesia local. Esto no es bíblico, particularmente debido a que el ministerio del evangelista usualmente no es un ministerio estacionario dentro de la Iglesia local; usualmente es más un ministerio itinerante dirigido a los incrédulos *fuera* de la Iglesia.

Entonces nosotros podemos ver claramente que Pablo no registra los dones del ministerio en el orden de importancia para la Iglesia local de la actualidad. Tampoco estaba estableciendo la jerarquía para el gobierno de la Iglesia local por el orden en que él citó los dones del ministerio.

No, el oficio de apóstol *no* fue listado primero debido a que sea el oficio más importante en la Iglesia local y supuestamente deba gobernar sobre los otros dones del ministerio. En realidad, en Efesios 4:11 y en Primera de Corintios 12:28, parecería lógico afirmar que Pablo registró estos oficios en ese orden por la manera en la que Dios "estableció" o *desarrolló* los dones del ministerio en los inicios de la Iglesia.

Para empezar, la Iglesia en sus inicios no tenía los cinco dones ministeriales, debido a que se requiere tiempo para que Dios desarrolle ministerios y ministros. Y Dios no pone novatos o neófitos en posiciones de autoridad o en oficios ministeriales debido a que Él no viola Su propia Palabra (1 Timoteo 3:6). Entonces, durante un tiempo, el ministerio apostólico fue el único ministerio en operación en los inicios de la Iglesia.

Por lo tanto, el oficio apostólico fue el primer don del ministerio que fue inicialmente evidente durante la Iglesia Primitiva. Los doce apóstoles del Cordero fueron los únicos ministros en los primeros días de la Iglesia. Estos hombres habían caminado con Jesús durante Su ministerio terrenal (Hechos 1:21). Ellos fueron escogidos por Dios, y el Espíritu Santo los equipó y capacitó como ministros del Evangelio.

Los apóstoles parecían tener la habilidad de operar en todos los dones del ministerio en cierta medida. Y, en realidad, ellos necesitaban esa habilidad debido a que la Iglesia estaba en su etapa de infancia y ningún otro don del ministerio se había desarrollado aún en ella. También sería correcto decir que ellos ministraron proféticamente en cierta medida, y que ministraron evangelísticamente de la misma manera. Hubo también un elemento de supervisión pastoral, y sabemos que ciertamente ellos enseñaron la Palabra.

Los apóstoles sin embargo, no se mantuvieron como el único don del ministerio en la Iglesia. Con el transcurso del tiempo, los que ministraron como profetas también comenzaron a aparecer. Los profetas hablaban por inspiración divina. Las Escrituras no nos dan mucho detalle sobre este tema, pero nosotros sabemos que el ministerio del profeta estaba bien establecido para la época en que ocurrió lo que Hechos 13:1 relata: *"Había entonces en la Iglesia que estaba en Antioquia, PROFETAS..."*.

De manera similar, las Escrituras no nos dan exactamente el inicio del ministerio evangelístico. Sin embargo, vemos el oficio del evangelista mencionado por primera vez en Hechos 8 en el ministerio de Felipe. Para entonces, la Iglesia ya estaba en existencia por muchos años, y ya había transcurrido tiempo para que el Espíritu Santo desarrollase el ministerio del evangelista en la Iglesia.

Los pastores fueron levantados mientras la Iglesia y los creyentes maduraban espiritualmente (Hechos 14:23; 15:2; 20:28). Y el ministerio de maestro se desarrolló en la Iglesia primitiva mientras los creyentes eran entrenados e instruidos en la doctrina (Hechos 2:42; 13:1).

Otra razón por la que es erróneo exaltar el oficio del apóstol por encima de los otros es que aún en la Iglesia Primitiva los apóstoles no gobernaban todas las Iglesias—aún las Iglesias que ellos habían ayudado a establecer.

Pablo sólo *supervisaba espiritualmente* las Iglesias mientras las establecía. Pero él no supervisaba la Iglesia en Jerusalén ni otras Iglesias. Una vez que él dejaba una Iglesia que había establecido, delegaba la supervisión a otros (Hechos 20:28).

Después de retirarse, Pablo sí respondió a las preguntas que las Iglesias le hacían, y les ofreció aporte divino. Pero él no las controlaba ni gobernaba.

Realmente no me agrada usar las palabras "autoridad espiritual" en referencia al oficio apostólico debido a que ello da la idea que los apóstoles rigen y gobiernan a la gente y las Iglesias, y no es así.

Pero el punto es que en Primera de Corintios 12:28, cuando Pablo dijo, *"Y a unos PUSO Dios en la Iglesia..."*, él probablemente se refería al orden en que Dios "colocó", o *desarrolló* los dones del ministerio en la Iglesia Primitiva.

Otro error en esta doctrina es una enseñanza que dice que todos los dones del ministerio conforman el "gobierno" de la Iglesia local, y que cada Iglesia, sin importar su tamaño, debe ser gobernada por los cinco dones ministeriales.

Nuevamente las personas no han dividido correctamente la Palabra. Ellos no han distinguido entre la *Iglesia como un todo*—el Cuerpo de Cristo universal—y la *Iglesia local*. En la Iglesia como un todo, vamos a encontrar los cinco dones del ministerio en operación. Pero cada Iglesia local *no* va a tener todos los cinco dones del ministerio operando en sus asambleas.

Estas malas concepciones realmente ponen al Cuerpo de Cristo en esclavitud en vez de liberar a los creyentes. La Biblia dice que la Palabra de Dios nos hará libres (Juan 8:32), no que nos llevará a esclavitud.

Como puede ver, si no somos cuidadosos, podemos tener malas concepciones en ambos lados de este asunto. Podemos caer en zanja de un lado y negar el verdadero oficio y función del apóstol. O podemos caer dentro de la zanja del otro lado y darle al oficio apostólico una preeminencia ilimitada y autoridad.

Aquellos que le dan al oficio apostólico demasiada preeminencia y claman estar en ese oficio, parecen tener la actitud de "¡Soy un apóstol! Tú tienes que hacer lo que yo digo porque para poder tener un correcto gobierno neotestamentario, la Iglesia local debe ser gobernada por apóstoles".

Realmente, no puedo encontrar ningún lugar en el Nuevo Testamento donde haya algún oficio mayor en la Iglesia local, que el oficio del Pastor. No veo en ningún lugar en el Nuevo Testamento en donde los Apóstoles gobiernen sobre los Pastores y los otros dones del ministerio.

Estas enseñanzas no bíblicas, de que los profetas y apóstoles deben regir y gobernar a la gente y a las Iglesias no son nuevas. Yo he estado en el ministerio por más de 57 años, y he visto antes en el Cuerpo de Cristo estas mismas enseñanzas no basadas en las Escrituras. Estos errores corren en círculos. Se hacen notorios en cada generación en la Iglesia y se debe tratar con ellos.

Como puede ver, otra generación vendrá que no ha sido enseñada con la verdad de la Palabra de Dios en un tema en particular, y caerá en la zanja en un área y se saldrá del balance de las Escrituras.

En cada generación Dios tuvo que levantar a alguien en el liderazgo en la Iglesia para tratar con estos temas. Dios levantó a Donald Gee en los años treinta para que trate con esta misma enseñanza extrema de apóstoles en su libro *Los Dones del Ministerio de Cristo*, que actualmente ya no se imprime. Donald Gee fue uno de los pioneros y grandes maestros del Movimiento Pentecostal.

Después tuvimos el mismo problema en el Cuerpo de Cristo en los años cincuenta. Gordon Lindsay hizo referencia al mismo tema en su libro *Apóstoles, Profetas y Gobiernos*, y el problema se apagó gradualmente. Lindsay fue el fundador de la escuela bíblica *Cristo para las Naciones*, y publicó la revista *La voz de Sanidad.* Casi la mayoría de los grandes evangelistas de sanidad de ese tiempo publicaba sus artículos en esa revista.

Debido a que Donald Gee y Gordon Lindsay eran líderes respetados en la Iglesia, y sus libros eran bíblicamente balanceados, lograron detener la mayor parte de doctrina errada que apareció en ese entonces.

Hubo un avivamiento verdadero en aquellos días, y allí es cuando usualmente el diablo empieza estas tangentes espirituales para intentar detener el mover de Dios. Él desvía a los creyentes al hacer que caigan en error espiritual, tratando de abortar el mover real del Espíritu de Dios.

En nuestros días, una nueva generación ha crecido en la Iglesia. Y esta misma controversia ha resurgido en el Cuerpo de Cristo, así que debe ser tratada otra vez. Intenté que Dios escogiera a alguien más para que lo haga, pero El dijo, "No, tú hazlo". Y ésa es la razón de este libro.

Voy a citar el libro de Gordon Lindsay *Apóstoles, Profetas y Gobiernos* de tiempo en tiempo en este libro, porque amplía lo que he estudiado, y su percepción ayuda a explicar algunas de las cosas que el Señor me dijo en esa visitación.

Pero una razón por la que estos errores han ocurrido otra vez en nuestros días, es porque la gente trata de dar al oficio apostólico de hoy el mismo estatus que la segunda y tercera clase de apóstol en los días de la Iglesia primitiva. Pero simplemente no tiene el mismo estatus.

Ahora no hay ninguna duda de que algunas personas en nuestros días puedan ser llamadas correctamente Apóstoles en la cuarta clase. (Discutiremos la cuarta clase de apóstol en el siguiente capítulo). Pero aquel individuo que va anunciando a todos de que él es un apóstol, probablemente no lo sea.

Si usted es un ministro, le animo a que deje que otros lo llamen a usted por el título que le corresponda basados en el equipo y dotación espiritual y frutos que ellos vean manifestados en su vida y ministerio. Regocijémonos al ver los dones del ministerio en manifestación y gloria en la obra que el Señor está haciendo en el Cuerpo de Cristo, sin estar interesados en los títulos.

Capítulo 2

Cuarta Clase de Apóstole: Los Apóstoles No Fundacionales

Aunque no haya apóstoles y profetas del segundo o tercer rango en el Cuerpo de Cristo hoy en día, *existe* una cuarta clase de apóstol. Hay aquellos en la Iglesia de hoy en día que están en el oficio apostólico en una medida. Ellos son *enviados*, pero están en una clase menor que aquellos de la Iglesia Primitiva. Ellos están en esta cuarta clase de apóstoles.

Evidentemente la palabra "apóstol" se usó más ampliamente en los días de la Iglesia Primitiva de lo que se usa ahora, y la gente entendía su significado. Pero debido a que es una palabra que nosotros no usamos mucho hoy, las personas la han malentendido. Incluso hoy, algunas palabras se usan generalmente y en otros momentos se usan específicamente.

Como verá, nosotros podemos perder ciertas verdades que la Biblia está intentando comunicarnos cuando construimos castillos de aire espirituales sobre algunas de estas cosas, incluso las malas concepciones y las ideas infundadas sobre el oficio apostólico. Entonces el Señor tiene que venir y derribar nuestros castillos de aire y corregirnos, y algunas personas se enfadan por eso.

Por ejemplo, permítame señalarle algo. La palabra griega "Apóstol" se traduce de la palabra "apostolos" que significa *uno que es enviado*. En Filipenses 2:25, Pablo habla sobre Epafrodito como el mensajero de los Filipenses. La palabra griega usada aquí, traducida como *mensajero* es la palabra "apostolos".

FILIPENSES 2:25
25 Mas tuve por necesario enviaros a Epafrodito, mi hermano y colaborador y compañero de milicia, vuestro MENSAJERO, y ministrador de mis necesidades.

Al usar la palabra "mensajero", Pablo estaba llamando a Epafrodito un *Apóstol*. Pero Epafrodito probablemente no estaba en el oficio del Apóstol en el sentido específico que nosotros entendemos hoy en día. Como la palabra "Apóstol" es usada aquí, significa *uno enviado* como *delegado* o *representante,* o como c*omisionado de una congregación.*[1]

Por supuesto, Epafrodito no era un apóstol en el mismo nivel o rango que Pablo. Él no era un apóstol del segundo o tercer rango aunque él estaba en la Iglesia Primitiva debido a que él no estableció ni doctrina ni fundamento del Nuevo Testamento. Cualquier ministerio apostólico que Epafrodito pueda haber ejercido habría estado en la cuarta clase.

Cuando Pablo usó la palabra "Apóstol" aquí, él la usó probablemente en el sentido general, dando a entender que la Iglesia envió a Epafrodito, así como usted enviaría a un delegado a una convención o una reunión. Epafrodito fue un *apóstol, mensajero,* o *delegado* enviado por los Filipenses, quizás simplemente para asistir a Pablo en el ministerio.

Como un mensajero o delegado, parece ser que Epafrodito no abarcó la esfera completa del oficio apostólico como Pablo. Pablo no sólo fue un *mensajero,* sino que él también tenía la unción espiritual o *la habilidad de empezar iglesias.*

Pablo también tenía *el equipo y la habilidad espiritual* que le permitía *ser responsable de la supervisión* de esas Iglesias hasta que el oficio pastoral pudiera ser ocupado en esa Iglesia local. Nosotros no tenemos ningún registro de que Epafrodito haya fundado alguna Iglesia; por consiguiente, él no tenía ningún ministerio apostólico específico hacia alguna Iglesia.

Realmente, la palabra "Apóstol" también se usaba en la escritura griega *secular.* En otras palabras, personas que ni siquiera conocían a Dios fueron llamadas apóstoles. En el griego clásico, la palabra "Apóstol" usada como un pronombre significaba *un mensajero comisionado* o *un embajador.* Usada como verbo significa *enviado fuera.* Una persona que era enviada a hacer un trabajo específico fue llamada apóstol debido a que fue enviada específicamente a que realizara cierta tarea.

Por consiguiente, puede haber aquellos en el Cuerpo de Cristo hoy que están en el oficio apostólico en cierta medida, como *enviados con un mensaje.* Ellos son comisionados por el Espíritu Santo para llevar un ministerio o mensaje específico de acuerdo a una cierta línea de la Biblia al Cuerpo de Cristo. Ellos están en la cuarta clase de apóstol.

Pero tenga en mente que todos aquellos que están en el oficio del apóstol sin tomar en cuenta el rango o clase son en primer lugar predicadores o maestros de la Palabra, como cualquiera que es llamado al ministerio. O pueden ser tanto predicadores *y* maestros. Pero entonces ellos también tienen un llamado especial para cumplir un trabajo especial o traer cierto mensaje al Cuerpo de Cristo.

Misioneros Modernos

Muchos de nuestros misioneros modernos están en la cuarta clase de apóstoles si son *enviados* por el Espíritu Santo. Aquellos enviados por juntas misioneras pueden estar haciendo el trabajo de un misionero, pero eso no necesariamente los califica espiritualmente como un apóstol.

En otras palabras, la palabra "Apóstol" en esta clase implica uno que es *enviado* o *comisionado* por el *Espíritu Santo*, y no meramente uno que *va*.

Realmente, un verdadero misionero es aquel *enviado* por el Espíritu Santo con un *mensaje* para las personas en ciertos países. Cosas maravillosas ocurren en esos países como resultado de algunos de estos ministerios.

Algunos misioneros no sólo van a un país con un mensaje, sino que ellos también tienen la habilidad de establecer Iglesias. Aquellos que hoy realmente son llamados y enviados por Dios para establecer nuevas obras en otros países son apóstoles, porque una de las características principales del ministerio de un apóstol es que él establece Iglesias y pionera las nuevas obras.

Por ejemplo, Pablo estableció muchas de las Iglesias Gentiles de las que nosotros leemos en el libro de Hechos. Los misioneros de hoy están haciendo el trabajo del apóstol si es que no sólo tienen la habilidad de conseguir que las personas sean salvas como lo hace el Evangelista, sino que también tienen la habilidad para empezar y establecer Iglesias.

Entonces una vez que las personas son salvas, un apóstol también tiene la habilidad dada por Dios y las cualidades espirituales para pastorear, nutrir, enseñar, y establecer a la gente en la Palabra. Él se queda en la obra lo suficiente para conseguir establecerla y entonces puede seguir adelante para iniciar otras nuevas obras.

Durante los años, yo he visto a personas que iban de ciudad en ciudad y establecieron buenas Iglesias por todo lugar que fueron. Ése era su llamado, y es parte del oficio del apóstol. El ministerio del apóstol ha estado en el Cuerpo de Cristo todo el tiempo, pero nosotros simplemente los hemos llamado misioneros o sembradores de Iglesias. Realmente, el *título* no es el tema principal; la *función* lo es.

En los días iniciales del Movimiento Pentecostal, yo recuerdo a un compañero en particular que podría ser correctamente llamado un apóstol. En un periodo corto de tiempo él estableció cincuenta Iglesias en el país donde Dios lo envió. Sin duda él fue un apóstol para esa nación.

Hace años yo oí decir a un predicador del Evangelio Completo que él había pasado siete años en cierto país donde había intentado establecer una Iglesia. Después de siete años, la mayor cantidad de personas que tuvo en su congregación fueron treinta y siete personas, y treinta y cinco de ellas eran niños que él había recogido de las calles. Él se desanimó tanto que regresó a los Estados Unidos, decidiendo nunca más regresar al campo misionero.

Pero él se puso a orar y Dios lo ayudó. Dios le mostró donde estaba su problema. Él no había conocido sus derechos y privilegios en Cristo y cómo apropiarse de las promesas en la Palabra de Dios. Cuando él empezó a entender su herencia en Cristo y cómo creerle a Dios, Dios lo envió otra vez a ese país. Después de un periodo de tiempo, él regresó a predicar a los Estados Unidos, y ahí fue cuando lo oí.

Él dijo, "En este último año, nosotros hemos tenido 270,000 personas salvas, 70,000 llenas con el Espíritu Santo, y en un año, hemos construido 80 Iglesias". ¡Eso fue en *un* año! Su ministerio fructífero al hacer esto indicó el llamado apostólico en su vida. Como verá, él cumplió la función del apóstol; y el título de "Apóstol" no necesariamente le llamó la atención.

Pastores Que Están Operando en el Oficio Apostólico

Como dije, la palabra "Apóstol" parece tener un sentido mucho más amplio que el que nosotros le hemos dado. Yo pienso que esta es una razón por la que hemos caído en error en esta área; no hemos entendido totalmente el alcance de ese oficio. Un apóstol en la cuarta clase puede ser un *mensajero,* un representante, un *embajador* del Evangelio, un *misionero*, o *uno que es enviado* en una *misión* especial con un *mensaje* especial.

A veces en nuestros días tenemos la idea de que hay muy pocos apóstoles, cuando muchos de ellos han estado operando en ese oficio todo el tiempo. Nosotros simplemente no los hemos llamado así.

Por ejemplo, un pastor a veces puede estar operando en el oficio apostólico en cierta medida en esta cuarta clase si es *enviado* por el Espíritu Santo para establecer una Iglesia en cierta ciudad. En este sentido, él es *un enviado* a esa ciudad o comunidad con un *mensaje*.

Por supuesto, no todo pastor enviado a una ciudad calificaría como un apóstol. Él también tendría que poseer las otras características y las cualidades espirituales del llamado apostólico operando en su vida y ministerio, de lo cual hablaremos después.

Aun así, un verdadero pastor llamado para empezar una obra para Dios no se anunciaría a sí mismo como un apóstol. Él no estaría preocupado por los títulos. Sus motivos no serían levantarse a sí mismo, sino cumplir lo que Dios le envió a hacer.

En Hechos 1:20 vemos cierta indicación de que un pastor puede operar en cierta medida en el oficio del apóstol. Usted recuerda que Judas cayó en trasgresión y otro tuvo que ser escogido para tomar su lugar.

HECHOS 1:20
20 Porque está escrito en el libro de los Salmos: Sea hecha desierta su [la de Judas] **habitación, y no haya quien more en ella; y: tome otro su oficio.**

La palabra traducida aquí "oficio" indica en el griego el oficio del *obispo*. En Primera de Timoteo 3:1–2 Pablo llama pastores a los obispos.

1 TIMOTEO 3:1–2
1 Palabra fiel: Si alguno anhela obispado, buena obra desea.
2 Pero es necesario que el obispo sea irreprensible, marido de una sola mujer, sobrio, prudente, decoroso, hospedador, apto para enseñar;

La palabra "obispo" es la palabra griega "episkopos", que es traducida como *obispo* o *supervisor*. El supervisor de la Iglesia local es el *pastor* (Hechos 20:28).

Un pastor puede establecer una Iglesia, e incluso puede ser enviado a una ciudad en particular o a un grupo de personas con un mensaje. En ese sentido, él está operando en el oficio del apóstol en cierta medida, debido a que es enviado por el Espíritu Santo con un mensaje. Su mensaje siempre es el Evangelio.

Entonces usted puede ver cuán absurdo es cuando algún joven presuntuoso u oportunista va a un pastor que incluso está operando en el oficio apostólico en cierta medida y le dice, “Usted no tiene un gobierno de la Iglesia correcto. Usted no tiene a un apóstol en autoridad sobre usted”.

En primer lugar, eso no es bíblico. Un pastor no necesita de un apóstol sobre él. En segundo lugar, ¡él mismo bien puede ser un apóstol en una medida limitada! Ahora bien, un pastor podría no ser un apóstol para la Iglesia Universal. Pero si Dios lo envió, podría ser un apóstol, un enviado a esa ciudad y a esa Iglesia local.

Sin embargo, como uno enviado, esto no daría autoridad al pastor para estar sobre todos en esa ciudad o sobre otras Iglesias. Pero su llamado estaría acompañado por la habilidad divina para establecer y supervisar esa Iglesia local.

Éste es un significado más amplio de la palabra “Apóstol” que el que nosotros hayamos pensado. Y hoy en día, es triste decirlo, algunas personas se han aprovechado de la ignorancia de otras para extraviarlas, llamándose a sí mismos apóstoles, de modo que ellos puedan ejercer autoridad sobre otros.

La palabra griega que normalmente se traduce “Apóstol” es *apostolos*. El verbo a veces se usa con el mismo significado: mandar a alguien en una misión como un enviado. Puede significar un delegado; específicamente un embajador del Evangelio.

Usada como verbo la palabra “Apóstol” significa *enviar*. La palabra griega traducida como “oficio” (obispo) en Hechos 1:20 y referida a los apóstoles del Cordero, realmente significa *supervisor*. Así que podemos ver una relación entre estas dos palabras—Apóstol y supervisor. Y podemos ver al observar el Nuevo Testamento que hubo un elemento de supervisión Pastoral en el ministerio apostólico al estar los Apóstoles estableciendo Iglesias.

En el griego clásico, la palabra era usada comúnmente. Los escritos griegos hablan sobre “los apóstoles de Zeus”, o aquellos que fueron enviados para representar a los dioses. Bíblicamente, los apóstoles fueron enviados para representar al verdadero Dios.

La Biblia usa la palabra "Apóstol" para comunicar la idea de que existen aquellos que son especialmente enviados para hacer una obra para Dios. Ellos incluso podrían ser supervisores, lo cual se refiere al oficio pastoral.

¿Tenemos en las Escrituras algún ejemplo de un supervisor—un pastor—operando en el oficio del apóstol? Sí, lo tenemos. Pablo llamó apóstol a Jacobo, el hermano del Señor. Pablo dijo, *"pero no vi a ningún otro de los apóstoles, sino a Jacobo el hermano del Señor"* (Gálatas 1:19).

Jacobo no era uno de los apóstoles originales. Ni siquiera creyó que Jesús era el Hijo de Dios cuando Jesús estuvo aquí en la tierra. La Biblia señala que Jesús se le apareció a Jacobo en una visión (1 Corintios 15:7).

Pero en Hechos 15 nosotros podemos ver que cuando se convocó a una reunión de los ancianos y apóstoles para determinar la doctrina de la Iglesia, Jacobo fue el supervisor de esa reunión en Jerusalén (Hechos 12:17; Hechos 15:13). Al parecer Jacobo encabezaba o *pastoreaba* la Iglesia de Jerusalén, aunque fue llamado *apóstol.*

OTROS APÓSTOLES NO FUNDACIONALES

Por consiguiente, nosotros encontraremos la cuarta clase del ministerio apostólico operando en cierta medida en el Cuerpo de Cristo en el sentido de "uno enviado" por el Espíritu Santo para realizar cierto trabajo, o para traer cierto énfasis en un aspecto de la verdad bíblica para el Cuerpo de Cristo. No es tan importante que el ministerio tenga el *título*, sino lo importante es que sea en *demostración* y *poder* (1 Corintios 2:4).

De tiempo en tiempo Dios envía a alguien a la Iglesia con un mensaje para avivar a los creyentes acerca de cierto tema bíblico. La persona es *enviada* solamente para hacer eso.

Así que encontramos apóstoles en esta cuarta clase que son especialmente llamados por Dios con ciertos mensajes y ministerios para toda la Iglesia—el Cuerpo de Cristo.

Por ejemplo, no hay ninguna duda de que Dios llamó a Smith Wigglesworth como *uno enviado* al Cuerpo de Cristo como "un apóstol de fe". Wigglesworth fue levantado por el Espíritu Santo con el propósito de enseñar a la Iglesia acerca de la fe. En este sentido, él fue un apósto—*uno enviado*—a la Iglesia, y la fe fue su *mensaje* bíblico para el Cuerpo de Cristo.

Hace varios años visité a un ministro de las Asambleas de Dios de Gran Bretaña, y él me dijo que había conocido a Wigglesworth personalmente. Wigglesworth había predicado su último sermón en la Iglesia de este hombre. Él me dijo, "yo personalmente sé que veintitrés personas fueron resucitadas de entre los muertos bajo el ministerio de Wigglesworth". Éste no era ningún rumor; este hombre conoció estos casos personalmente.

Wigglesworth nunca se llamó a sí mismo un apóstol. Él fue sabio al no hacer eso. Otros lo llamaron un "apóstol de fe". ¿Qué significa eso? ¿Significaba esto que Wigglesworth tenía autoridad sobre otros dones del ministerio en el Cuerpo de Cristo? No. Simplemente significó que fue un enviado para traer un mensaje al Cuerpo de Cristo y hacer cierta obra para Dios.

Wigglesworth fue levantado por Dios para edificar y beneficiar al Cuerpo de Cristo a lo largo de cierto mensaje bíblico en particular—enseñando y demostrando *fe*. Y de sus avivamientos surgieron sólidas obras en cada continente habitado de la tierra.

En este sentido es que tenemos Apóstoles hoy en día que son enviados sólo para enfatizar un mensaje en particular en el Cuerpo de Cristo. Estos ministerios no son llamados para ejercer autoridad sobre otros o para añadir más fundamento al Nuevo Testamento.

Yo vi varios ministerios apostólicos en operación cuando estuve entre los pentecostales, aunque no los llamábamos así. Estas personas no sólo fueron enviadas con un mensaje, sino que también tenían la habilidad de empezar Iglesias.

Por ejemplo, hubo una mujer evangelista que inició nuevas obras a lo largo del norte y noreste de Texas. Su marido fue salvo en una de sus reuniones; él era un constructor de edificios. Él tenía la habilidad de dirigir la alabanza, por lo que dejó su negocio y dirigió la alabanza en sus reuniones de avivamiento y se encargó de las cosas preliminares.

Esto fue en los años treinta y los años cuarenta, y muchos pueblos en ese entonces no tenían ninguna Iglesia del Evangelio Completo de ningún tipo en esa área. Pero incluso en los días de la Gran Depresión, esta mujer y su marido iban a estos distintos pueblos y realizaban reuniones al aire libre durante todo el verano.

Está mujer predicaba dos o tres semanas, y quizás solo una o dos personas asistían a las reuniones. Pero ella seguía predicando, y su marido cantando, y finalmente unas cuantas personas más empezaron a venir a las reuniones.

Ella predicaba sobre salvación, y las personas recibían salvación. De hecho, ella podía conseguir más personas salvas accidentalmente, que lo que la mayoría de personas conseguía haciéndolo a propósito. Finalmente muchas personas se pasaban la voz y venían a las reuniones y eran salvas.

Debido a que su esposo era constructor, ellos podrían haberse quedado suficiente tiempo en cierto lugar para poder construir un edificio donde ella empezaría una Iglesia.

Pero ella me dijo, "Si yo me quedara más de dos años en cualquier lugar, la obra decaería porque yo no he sido llamada para ser Pastora. Así que yo me quedo el tiempo necesario para empezar una Iglesia y entonces se la entrego a un pastor".

Esta mujer empezó muchas Iglesias y algunas de ellas todavía existen hoy después de cincuenta o sesenta años, porque ella las estableció sobre un sólido fundamento bíblico. No hay ninguna duda en mi mente de que ella estaba operando en el oficio apostólico en cierta medida, aunque a ella realmente se la consideraba una evangelista.

Ella operó en el oficio apostólico *en cierta medida*. Una vez que establecía una Iglesia y la entregaba a un pastor, ella y su marido seguían adelante y empezaban otra en alguna otra parte. En otras palabras, ella era una pionera de Iglesias. Los apóstoles son a menudo pioneros de nuevas obras.

A lo largo de mis años de ministerio, yo nunca he visto a alguien que califique para la segunda o tercera clase de apóstol. Y después de que Jesús me habló en la visitación de 1987, yo entendí el por qué. Nunca veremos esas clases de apóstoles en el Cuerpo de Cristo hoy. Pero lo que sí he visto son aquellos que poseen los requerimientos necesarios para la cuarta clase de apóstol.

He visto a otros a quienes Dios llamó y envió para cumplir ciertas funciones en el Cuerpo de Cristo o para efectuar cierto ministerio especial a lo largo de cierta línea bíblica. En ese sentido, ellos fueron "enviados". Pero ellos no anduvieron por allí llamándose a sí mismos apóstoles. Es allí donde la gente comete un error. No es necesario darles títulos a las personas; todos nosotros simplemente necesitamos ser fieles en hacer lo que Dios nos ha llamado a hacer.

Algunas de estas personas no fueron apóstoles en su pleno sentido. Pero ellos ocuparon ese oficio en cierta medida debido a que fueron enviados para llevar un mensaje especial o llevar a cabo un ministerio especial para el Cuerpo de Cristo.

Realmente, a lo largo de la historia de la Iglesia, Dios ha levantado personas y las ha enviado como puntas de lanza para avivamientos y para hacer otras obras poderosas para Él. Y en ese sentido, nosotros podríamos probablemente llamarlos legítimamente "apóstoles" en esta clase menor.

Yo recuerdo a un compañero en particular en los días iniciales del Movimiento Pentecostal que parecía tener un ministerio de conseguir que las personas sean llenas del Espíritu Santo. Por esa razón, los pastores de toda la zona lo invitaban para que fuera a sus Iglesias. Muchos pastores me dijeron, "Parece que él tiene la habilidad sobrenatural para conseguir que las personas sean bautizadas en el Espíritu Santo. Por todo lugar que él va, las personas son llenas con el Espíritu".

En otras palabras, él era un *mensajero* para el Cuerpo de Cristo enseñando específicamente sobre el bautismo en el Espíritu Santo. Hay otros que son mensajeros especiales en referencia a otros temas bíblicos. Nosotros los necesitamos a todos ellos en el Cuerpo de Cristo.

Yo creo que hay ministros que han estado operando en cierta medida en alguna forma de oficio apostólico, pero a la gente se le ha lavado tan religiosamente el cerebro que no los han reconocido. El Cuerpo de Cristo necesita estar consciente de este oficio bíblico y de su función, de modo que los auténticos ministros puedan operar en la plenitud de la dimensión a la que han sido llamados por Dios.

---

[1]Kittel, *Theological Dictionary of the New Testament* (Paternoster Press: Eerdmans Publishing Company, 1985), p. 70.

Capítulo 3

Características del Llamado Apostólico

La Biblia da ciertas características generales que son verdaderas para cualquiera que sea llamado al oficio apostólico sin tomar en cuenta el rango o clase. Si la vida de la persona y el ministerio no poseen estas características generales, yo seriamente dudaría de la verdadera naturaleza del llamado apostólico en su vida.

Llamado y *Separado* por Dios; *Confirmado* por el Hombre

Usando el ministerio de Pablo como un ejemplo bíblico de un apóstol, podemos ver que una persona necesita ser *llamada* por *Dios* antes que su llamado al ministerio apostólico sea *confirmado* por el *hombre*. Podemos ver la verdad de este principio cuando Pablo fue separado por el Espíritu Santo para el ministerio apostólico en Hechos capítulo 13.

HECHOS 13:1–4

1 **Había entonces en la Iglesia que estaba en Antioquia, PROFETAS y MAESTROS: Bernabé, Simón el que se llamaba Níger, Lucio de Cirene, Manaén el que se había criado junto con Herodes el tetrarca, y Saulo** [o Pablo].

2 **Ministrando estos al señor, y ayunando, dijo el ESPÍRITU SANTO: APARTADME a Bernabé y a Saulo PARA LA OBRA a que los HE LLAMADO.**

3 **Entonces, habiendo ayunado y orado les impusieron las manos y los despidieron.**

4 **Ellos, entonces, ENVIADOS por el ESPÍRITU SANTO,** [un Apóstol es un enviado], **descendieron a Seleucia y de allí llegaron a Chipre.**

Yo quiero que vea aquí la progresión en el ministerio de Pablo. Estas Escrituras nos dan una lista de cinco hombres. Estos hombres eran profetas *o* maestros, ó profetas *y* maestros. Vemos por las Escrituras que Bernabé era un maestro pero no un profeta, porque un profeta es uno que tiene visiones y revelaciones. No tenemos ninguna indicación en las Escrituras de que Bernabé tuviera visiones o revelaciones.

Por otro lado, Pablo fue un profeta *y* un maestro. Sabemos que Pablo fue un profeta porque escribió casi la mitad del Nuevo Testamento, y que lo recibió por revelación. Recuerde que Pablo dijo, *"que POR REVELACIÓN me fue declarado el misterio..."* (Efesios 3:3).

Así que hasta este tiempo ésta era la extensión de los ministerios de Pablo y de Bernabé—Bernabé era un maestro, y Pablo era un profeta *y* un maestro. Y para este época tanto Pablo como Bernabé habían estado en el ministerio por cierto tiempo. Pero ni Pablo ni Bernabé habían entrado en el oficio apostólico hasta que fueron separados y enviados por el Espíritu Santo para la obra que Dios tenía para ellos, que fue el ministerio apostólico.

Sabemos que fue el ministerio apostólico a lo que Pablo y Bernabé habían sido llamados porque la Biblia dice que ellos fueron "*enviados*" por el Espíritu Santo para la *obra* a la que Él los había llamado: *"Ellos, entonces, ENVIADOS por el Espíritu Santo ..."* (Hechos 13:4). Entonces las Escrituras continúan hablando acerca del primer viaje misionero de los apóstoles. Y más tarde en ese primer viaje misionero, las Escrituras llaman tanto a Pablo como a Bernabé "Apóstoles" (Hechos 14:14).

Pero deseo que vea algo en Hechos 13:2. Pablo y Bernabé fueron *llamados* al ministerio apostólico por Dios desde la fundación del mundo (Efesios 1:4). Pero en este pasaje de la Escritura aquel llamado fue *confirmado* por el hombre por profecía y la imposición de manos.

En otras palabras, Pablo y Bernabé no recibieron su *llamado* al ministerio apostólico ese día por los *hombres* cuando se les impuso manos. Pablo y Bernabé tan sólo recibieron la *confirmación* del llamado apostólico a través de los hombres por imposición de manos y profecía. El Espíritu Santo los separó para la obra que Dios ya los *había* llamado.

¿Cómo sabemos esto? Observe que el Espíritu Santo no dijo, "Sepárenme a Bernabé y a Saulo para la obra a la cual *los estoy llamando*". ¡No! Él dijo, "*Apartadme a Bernabé y a Saulo para la obra a que los HE LLAMADO*" (Hechos 13:2). Esto está en tiempo pasado.

Está en tiempo pasado porque el Espíritu Santo ya les había hablado a ambos acerca de su llamado al oficio apostólico. Esta declaración profética tan sólo era la confirmación del llamado apostólico que Dios ya había puesto en sus vidas.

Usted no encontrará en ningún lugar del Nuevo Testamento que los creyentes sean llamados y separados para el ministerio por otras *personas*. Algunas veces Dios puede usar a las personas para *confirmar* el llamado que otra ya tenía en su propio espíritu, pero los hombres no pueden llamar o *poner* a alguien en el ministerio.

Algunas veces la gente dice "Pero Dios me usó para profetizarle a alguien que iba a ser usado en tal y tal ministerio". Dios ocasionalmente podría usar a alguien para que profetice que una persona eventualmente será usada en cierta forma por el Espíritu Santo.

Pero nadie puede *dar* dones espirituales o conferir dones del ministerio en las personas a través de la profecía. ¡Algunas personas hoy en día tratan de poner a otras en el ministerio a través de la imposición de manos y de la profecía! Eso es imposible y antibíblico.

Tuvimos un brote de esto en 1949. La gente involucrada en este movimiento era bíblica en muchas áreas, pero había cierto error en su doctrina.

Muchas veces el 90% de lo que una persona enseña puede ser Bíblico. Pero el 10% puede ser venenoso, y aún puede ser muy perjudicial para usted espiritualmente. Es por esto que necesita tener el suficiente sentido bíblico para trazar rectamente la Palabra de Verdad.

Usted necesita dividir o aprender a separar el 90% que es bíblico de ese 10% que no lo es. Y algunas veces sería más beneficioso no tener compañerismo con aquellos que están enseñando una doctrina equivocada ya que eventualmente el error podría dañarlo.

En esta enseñanza que se hizo popular en los cuarenta, algunos llamados apóstoles y profetas supuestamente impartían dones del ministerio y dones espirituales a través de la imposición de manos y profecía, y ponían a la gente en oficios ministeriales. Esto no es Bíblico.

Aunque *es* bíblico imponer manos a las personas para sanidad o para que sean llenas con el Espíritu Santo, usted no puede darle a alguien un don espiritual o llamar a alguien al ministerio por imposición de manos. Como dije, algunas veces Dios va a *confirmar* el llamado de una persona a través de la profecía; pero solamente Dios puede *llamar* a alguien al ministerio o *impartir* un don espiritual a ellos.

Después tuvimos otro rebrote de este error al principio del Movimiento Carismático. Y otra vez hoy día estamos experimentando otro resurgimiento de lo mismo.

Algunos de los ministros que recientemente han caído en error en esta área no estuvieron allí años atrás cuando estos errores aparecieron antes en el Cuerpo de Cristo. Por lo tanto, ellos no conocen el daño que esta enseñanza causó en el pasado.

Por esto si ministros más jóvenes fuesen mas sabios, nos escucharían a algunos de nosotros que ya hemos pasado por los caminos espirituales antes que ellos. Esto les ahorraría mucho sufrimiento innecesario. Algunos de ellos podrían perder sus iglesias por causa de estas falsas doctrinas. Y otros podrían ser avergonzados debido a que estas enseñanzas no son bíblicas y finalmente va a ser notorio que están erradas.

Primero un Predicador o un Maestro

Otra característica general del llamado apostólico es que el apóstol primero y antes que nada es un predicador *o* un maestro, ó un predicador *y* un maestro de la Palabra.

1 TIMOTEO 2:7
7 Para esto yo fui CONSTITUIDO PREDICADOR y APÓSTOL, (digo verdad en Cristo, no miento) y MAESTRO DE LOS GENTILES en fe y verdad.

2 TIMOTEO 1:11
11 del cual yo fui CONSTITUIDO PREDICADOR, APÓSTOL y MAESTRO DE LOS GENTILES.

Observe que Pablo no dijo, "primero yo fui constituido un *apóstol*". No, Pablo dijo primero "yo fui constituido un *predicador*", debido a que él fue primero y antes que nada un *predicador* de las Buenas Nuevas. El fue un *enviado* con el propósito de predicar y enseñar el *Evangelio.*

Cada uno de los dones del ministerio es primero que todo un predicador o un Maestro de la Palabra. En otras palabras, aquellos llamados a los dones del ministerio *proclaman* o *explican* la Biblia.

Podemos ver por este pasaje que el ministerio *principal* de un apóstol es el predicar o enseñar la Palabra. El llamado apostólico no tiene nada que ver con gobernar iglesias o a la gente. En ambas escrituras, Pablo menciona su ministerio de predicación primero para enfatizar el ministerio primario del apóstol.

¿Qué fue lo que Pablo predicó? El *Evangelio,* ¿De qué, fue él maestro? De la *Palabra* de Dios. Esto nos debe de ayudar a entender la verdadera naturaleza del llamado apostólico cuando algunos de estos sujetos vayan por allí enseñando doctrinas diferentes a la Palabra y llamándose a sí mismos apóstoles.

Señales de un Verdadero Apóstol

Las señales de un Apóstol son citadas por Pablo en Segunda de Corintios 12.

2 CORINTIOS 12:12
12 Con todo, las SEÑALES DEL APÓSTOL han sido hechas entre vosotros en toda paciencia, por SEÑALES, PRODIGIOS Y MILAGROS.

¿Cuáles son las señales de un apóstol? *Señales*, *prodigios* y *milagros.* Si alguno de estos tipos que se llaman a sí mismos apóstoles hoy en día no tienen ninguna de estas señales apostólicas operando en sus vidas y ministerios, entonces ellos no están en ese oficio.

También para estar en este oficio, uno debe tener una experiencia muy profunda y personal con el Señor—algo muy real y más allá de lo ordinario.

Pablo, por ejemplo, tuvo tal experiencia con el Señor en la experiencia de su conversión y evidentemente a través de su ministerio. Aunque Pablo no vio a Jesús en la carne cuando Él caminó en esta tierra, Pablo lo vio en una visión (Hechos 9:3–6). Su conversión fue más allá de lo ordinario y fue profundamente espiritual (Hechos 26:13–19).

Por ejemplo, Pablo tuvo tan profunda experiencia espiritual con el Señor que recibió el conocimiento acerca de la cena del Señor—un sacramento de la Iglesia del Nuevo Testamento—directamente de Jesús: *"porque yo recibí del Señor lo que también os he enseñado..."* (1 Corintios 11:23).

Como un apóstol y profeta fundacional, Pablo recibió percepción e instrucción concerniente a la ordenanza de la Iglesia directamente del Señor—

no de los otros apóstoles ni de la tradición de la Iglesia. Y, por supuesto, Pablo recibió del Señor la revelación del Evangelio (Gálatas 2:1–2).

Aquellos en la cuarta clase de apóstoles no van a recibir más revelación con respecto a añadir más fundamento sobre el cual la Iglesia fue establecida. Pero su experiencia personal con el Señor será sobrenatural y más allá de lo ordinario. Sin embargo, esto no hará que un apóstol sea personalmente superior a otros creyentes o a los otros dones del ministerio.

Si éstas son las señales de un *verdadero* apóstol, entonces ¿cuáles son las señales de un *falso* apóstol?

Falsos Apóstoles

Si hubieron falsos apóstoles y profetas en la Iglesia primitiva, no somos tan perfectos en este tiempo como para no tenerlos en la Iglesia hoy en día. Pero esto no elimina el genuino oficio del apóstol. De hecho, ésta es la prueba de que sí existe un genuino oficio apostólico porque Satanás sólo falsifica lo que es real y genuino.

2 CORINTIOS 11:13–15
13 Porque estos son FALSOS APÓSTOLES, OBREROS FRAUDULENTOS, que se disfrazan como Apóstoles de Cristo.
14 Y no es maravilla, porque el mismo Satanás de disfraza como ángel de luz.
15 Así que, no es extraño si también sus Ministros se disfrazan como Ministros de justicia; cuyo fin será CONFORME A SUS OBRAS.

Hay una forma muy simple de distinguir un falso apóstol de uno verdadero. Un verdadero apóstol *planta* y *establece* nuevas obras en el Señor sobre un sano fundamento bíblico—la Palabra de Dios.

Un falso apóstol *deshace* obras a través de la división, peleas y enseñanza equivocada. Algunos llamados apóstoles hoy en día están haciendo esto, y ellos son *falsos* apóstoles.

FILIPENSES 1:15–17
15 Algunos a la verdad predican a Cristo por ENVIDIA y CONTIENDA; pero otros de buena voluntad.
16 Los unos anuncian a Cristo por CONTENCIÓN NO SINCERAMENTE [no honestamente], pensando añadir aflicción a mis prisiones;
17 los otros por amor sabiendo que estoy presto para la defensa del evangelio.

¿Alguna vez ha visto un billete falso de tres dólares? Por supuesto que no, porque no hay tal cosa como un billete de tres dólares. Un falso apóstol es una falsificación de uno genuino y trata de actuar como si fuera uno verdadero.

La Biblia dice que el falso apóstol es un obrero fraudulento. Usualmente falsifica el genuino oficio a partir de motivos impuros y por razones de ganancia personal.

Esta es una razón por la que yo pregunto a estos sujetos que se llaman apóstoles, "¿Cuántas Iglesias has fundado?" o "¿Cuáles son las calificaciones que prueban que tú estás en ese oficio?"

Puede ser que hayan empezado una Iglesia. Pero fundar una obra no necesariamente los califica como apóstoles porque hay otras características y cualidades espirituales que también van con el oficio apostólico. Y puede ser que ellos no posean esas características y calificaciones. Podría ser que fundar y pastorear aquella obra sea el principal ministerio que el Señor tiene para ellos.

Gordon Lindsay en su libro *Apóstoles, Profetas y Gobiernos*, tiene algo que decir acerca de los falsos Apóstoles:

> Un falso apóstol es identificado primero por su usurpación del oficio de un apóstol y segundo por fallar en producir las obras de un apóstol. La Iglesia Primitiva tomó nota de aquellos que clamaban tener apostolado pero que en realidad eran falsos apóstoles. Ellos fueron probados y encontrados mentirosos y expuestos para que no puedan ser capaces de llevarse las ovejas fuera de la Iglesia de Cristo.
>
> Es evidente que el oficio de un apóstol es necesario en la Iglesia hoy en día. Pero la historia muestra el peligro en que cualquier hombre se llame a sí mismo apóstol. Los grupos que han intentado restaurar las funciones apostólicas al elegir apóstoles simplemente han expuesto su propia necedad. Aquellos que reclaman ser apóstoles, al principio han manifestado algunas veces un espíritu generoso. Pero muy pronto se vuelven arbitrarios y sectarios. Y usualmente tienen éxito en poner a las personas bajo yugo.[1]

Un pastor fue a cierto lugar y escuchó a un hombre predicar, el cual se llamaba a sí mismo apóstol. Ciertamente no se podía ver ninguna *obra* o *fruto* del oficio apostólico en el ministerio de esta persona. Él no había establecido ninguna Iglesia, ni tampoco poseía ninguna otra característica del oficio apostólico.

Pero este llamado apóstol, inmediatamente después de convencer a otros que era un "Apóstol", anunció "para tener un apropiado gobierno de la Iglesia del Nuevo Testamento, un apóstol y un profeta deben estar en autoridad sobre el pastor de la asamblea local. Yo soy un apóstol. Las Iglesias en esta área deben estar bajo mi autoridad. Todos ustedes deben enviarme por lo menos el 20% de sus ingresos".

¡Este llamado apóstol estaba tratando de usar su "autoridad" para traer personas bajo atadura y quitarles dinero! Yo lo llamaría un falso apóstol. Sus motivos estaban equivocados y también sus métodos.

Pero uno de los pastores que lo escuchó decir esto, se tragó el anzuelo de su enseñanza errónea y alineó y sometió su Iglesia a la "autoridad" de este llamado apóstol. El pastor tenía una congregación de 200 personas. Pero después de que sometió a su ministerio a este llamado apóstol, la congregación del pastor bajó a 50 personas hasta que se dio cuenta de que eso no era bíblico.

La gente en su congregación tuvo más sentido común que el pastor. Ellos dejaron la Iglesia porque sabían que esta enseñanza no era correcta.

Entonces este llamado apóstol dijo, "Cualquier Iglesia que no tenga un apóstol sobre ella es una Iglesia ilegítima".

¡Es como escuchar a un burro rebuznando a media noche en un granero! De hecho, yo tengo más respeto por el burro porque rebuznar es todo lo que él *puede* hacer.

Como ve, la obra del apóstol no sólo incluirá el fruto del espíritu, sino que también mostrará su interés por el crecimiento del Cuerpo de Cristo—y no traerlo abajo con enseñanzas que no son bíblicas.

Gordón Lindsay habla acerca de la obra de un verdadero apóstol en su libro, *Apóstoles, Profetas y Gobiernos:*

> Los verdaderos apóstoles primero van a manifestar su ministerio apostólico en humildad. Ellos van a revelar el ministerio que Dios les dio por sus obras más que por la pública proclamación de su oficio. Uno puede hacer el trabajo de un apóstol sin llamarse a sí mismo apóstol. El oficio de un apóstol es en gran medida malentendido. Muchos piensan que es una elevación a una posición de autoridad donde uno puede gobernar sobre el pueblo de Dios... Al uno hacer las obras de un apóstol encontrará que su ministerio será reconocido...

> Un apóstol va a tener una carga por toda la Iglesia, y estará interesado en el bienestar de toda la Iglesia. Esto no significa que físicamente ministrará a todos los miembros del Cuerpo, los cuales son millones. Pero su carga va a ser por toda la Iglesia de Cristo....
>
> Un verdadero apóstol va a manifestar interés en todo el cuerpo y va a trabajar para edificar a todo el Cuerpo hasta que todos los "miembros vengan a la unidad de la fe".
>
> El no tendrá un espíritu codicioso o buscará ganancia financiera.[2]

El hermano Lindsay escribió esto en los cincuenta, pero usted podría pensar que él estaba escribiendo esto para nosotros hoy en día, ¿no es así?

UN MINISTERIO SOMETIDO

Deseo que vea algo más acerca de las características bíblicas de un verdadero Apóstol.

GÁLATAS 2:1–2
1 Después, pasados catorce años, subí otra vez a Jerusalén con Bernabé, llevando también conmigo a Tito.
2 Pero subí según una revelación, y para no correr o haber corrido en vano EXPUSE en privado a los que tenían cierta reputación el Evangelio QUE PREDICO ENTRE LOS GENTILES.

Hay muchas cosas que notar en este pasaje. Un apóstol no está sobre otros dones del ministerio. De hecho, un verdadero apóstol someterá su ministerio a otros ministros probados del Evangelio, como Pablo hizo aquí.

Nadie sabe cuánto tiempo estuvo Pablo en Arabia (Gálatas 1:17), pero sabemos que él había estado en el ministerio por lo menos diecisiete años (Gálatas 1:18; 2:1) cuando subió a Jerusalén para reunirse con los Apóstoles allí. En otras palabras, él no era un novato en el ministerio, aunque compartió con otros hombres de reputación lo que predicaba.

De hecho, fue revelado a Pablo por el Espíritu Santo para que fuera a Jerusalén y compartiera el Evangelio que estaba predicando a los gentiles, a "aquellos de reputación"—los principales apóstoles en Jerusalén. Los apóstoles en Jerusalén no predicaban a los gentiles; ellos seguían predicando a los judíos.

Pablo dijo que él sometió a los apóstoles la revelación que Dios le había dado *"... para no correr o haber corrido en vano"* (Gálatas 2:2). En otras palabras, Pablo sometió su revelación del Evangelio del Señor Jesucristo a los líderes espirituales de su tiempo.

Si existió la posibilidad de que este gran hombre de Dios corriera en vano, existe la posibilidad de que nosotros también corramos en vano. Es por eso que Pablo quiso someter su revelación a los apóstoles del Cordero. Ellos eran ministros del Evangelio probados y bien establecidos y habían acompañado a Jesús en su caminar en la tierra.

Si Pablo necesitó someter su revelación a los ministros aprobados, ¿cuánto más nosotros? Aunque algunos en nuestros días solamente quieren reunirse con aquellos que recientemente se han convertido en líderes en el ministerio o que son jóvenes en el ministerio; o no quieren someter sus revelaciones o ministerios a nadie en lo absoluto.

Un ministro vino a mí una vez con esta gran "revelación". Yo le dije, "yo no puedo aceptar eso porque no es bíblico". Yo sabía que iba a herir al Cuerpo de Cristo y estorbar el plan de Dios, y finalmente hacer naufragar el ministerio de este hombre.

"Si, pero Dios me dio *mi* revelación", insistió.

Usted ya está en problemas desde el momento en que empieza a hablar así. Si Dios le ha mostrado algo, otros en la Iglesia también lo sabrán, especialmente aquellos que son líderes en la Iglesia. Así que tenga cuidado de cualquier revelación que lo levante en orgullo y lo exalte en vez de exaltar al Señor Jesucristo.

Yo le dije a este ministro, "Aún con el oficio del profeta Pablo dijo, *'asimismo los Profetas hablen dos o tres, y los demás juzguen'* (1 Corintios 14:29). Si el ministerio del profeta tiene que ser juzgado, entonces el ministerio del maestro o cualquier otro ministerio también necesitará ser juzgado. Usted no juzga a la persona; usted juzga lo que se está enseñando o predicando. Usted juzga el *ministerio* de la persona".

Pero este hombre no escuchó y comenzó a enseñar su "revelación" al Cuerpo de Cristo. Pero su ministerio no duró porque su enseñanza no era bíblica; todo era *"yo"* y *"mío".* Él se levantó en orgullo y fabricó una revelación que no era bíblica. Eventualmente salió de escena y nadie más escucho de él otra vez.

Si usted tiene una revelación de la Palabra, pruébela primero bíblicamente antes de enseñarla o predicarla en público. Luego sométala a otros de probada reputación en el Cuerpo de Cristo y deje que la juzguen. No la predique o actúe en ella hasta que hombres de reputación que tengan años en el ministerio la hayan juzgado. Usted no querrá correr en vano.

Realmente, deberíamos querer que nuestras revelaciones y ministerios sean juzgados. Pablo quiso que su revelación y su ministerio fuesen juzgados. Él quiso que fuese correcta y bíblicomente sana. Es por esto que él la sometió a los apóstoles en Jerusalén que ya tenían varios años en el ministerio.

El fruto de un verdadero apóstol es que tiene una actitud sumisa hacia otros hermanos, incluyendo pastores de las iglesias locales en las que él pueda ministrar en alguna ocasión. Está interesado en bendecir, edificar y establecer obras, y no destruirlas con enseñanzas y revelaciones cuestionables.

En mi ministerio, también he practicado el someter las revelaciones que he recibido del Señor a aquellos de reputación. Y cuando estuve en el ministerio itinerante, aunque no era un apóstol, hice lo que cualquier ministro viajero, incluyendo un apóstol, hubiera hecho. Primero, siempre sometí mi ministerio al pastor o supervisor de la Iglesia local donde yo ministraba.

Siempre le decía al pastor de las iglesias locales donde ministré, "Si hay algo que yo predico que usted no quiere que yo predique, dígamelo y no lo predicaré. Si algo sobre lo que no estoy predicando y usted quiere que lo haga, sólo dígamelo".

Esa es una verdadera sumisión, y cualquier maestro viajero debe someter su ministerio al pastor de la Iglesia local. La mayor parte del tiempo, el pastor me decía que tomase mi libertad y ministre según Dios me dirigía. Pero, como verá, yo ya había probado mi ministerio y me había ganado la confianza del pastor.

He practicado esto cuando se trata de revelaciones que vienen de la Palabra también. Yo siempre someto las revelaciones mayores que he recibido del Espíritu Santo a hermanos que conozco y en quienes confío, y que son bien respetados en el ministerio así como Pablo lo hizo en Gálatas 2:12.

Aquellos hombres de Dios no eran novatos ni amigos recientes. Ellos eran ministros que eran espiritualmente sanos y habían estado firmes en el ministerio por años.

En el ministerio de Pablo podemos ver las características especiales del llamado apostólico. Aunque él era un miembro de una Iglesia local, fue *enviado* por el Espíritu Santo. Él fue en primer lugar y antes que nada un predicador como cualquier otro ministro. Y su mensaje fue el *Evangelio* del Señor Jesucristo.

Él fue *comisionado* por Dios para llevar dicho mensaje a un grupo específico de personas—los gentiles. Su ministerio apostólico no se extendió a todos. Él no tuvo una autoridad apostólica ilimitada. Pablo también tuvo el *fruto* de un ministerio apostólico bíblico. Y *sometió su ministerio* a aquellos de probada reputación en la Palabra.

---

[1] Gordon Lindsay, *Apóstoles, Profetas y Gobiernos*, (Dallas, Texas: Christ For The Nations, Inc., reprint 1988), pp. 12,13.
[2] Lindsay, p. 14.

Capítulo 4

Requisitos para el Ministerio Apostólico

¿Qué dicen las Escrituras acerca de los requisitos para aquellos llamados al oficio apostólico? Primera de Timoteo 3 habla sobre los requisitos de un obispo o supervisor, quien ocupa el oficio pastoral.

No nos han sido dados específicamente los requisitos para el oficio del apóstol, profeta, evangelista, o maestro. Pero Dios no requerirá más de un don del ministerio que de otros, porque Él no hace acepción de personas (Hechos 10:34).

Por lo tanto, podemos decir con toda seguridad que los requisitos dados en Primera de Timoteo 3:1–13 son los requisitos para el ministerio y se aplican a cualquier don del ministerio en el Cuerpo de Cristo, incluyendo el oficio apostólico.

1 TIMOTEO 3:1–7

1 **Palabra fiel: si alguno anhela OBISPADO** [supervisor o Pastor], **buena obra desea.**

2 **pero es necesario que el OBISPO sea IRREPRENSIBLE, marido de una sola mujer, sobrio, prudente, decoroso, hospedador, APTO PARA ENSEÑAR;**

3 **no dado al vino, no pendenciero, NO CODICIOSO DE GANANCIAS DESHONESTAS, sino amable, apacible, no avaro;**

4 **que gobierne bien su casa, que tenga a sus hijos, en sujeción con toda honestidad.**

5 **(Pues el que no sabe gobernar su propia casa, como cuidará la Iglesia de Dios?).**

6 **NO UN NEÓFITO, no sea que envaneciéndose caiga en la tentación del diablo.**

7 **también es necesario QUE TENGA BUEN TESTIMONIO de los de afuera, para que no caiga en descrédito y en lazo del diablo.**

Ya he dicho que uno que está en el oficio del póstol debe tener el *llamado* de Dios sobre sí y el *equipamiento* espiritual que lo capacita para estar en ese oficio; estos elementos son responsabilidad de *Dios*.

Sin embargo, uno llamado al oficio *apostólico* también debe tener los *requisitos* para estar en el oficio. Ésta es responsabilidad del *ministro*. Sólo él se puede calificar a sí mismo para ser apto y estar en tal oficio de confianza y responsabilidad.

Yo he visto a hombres que eran *llamados* por Dios, *equipados*, con la habilidad sobrenatural de estar en un oficio ministerial, pero que fallaron en el ministerio porque les faltó tener *requisitos* necesarios para estar en tal lugar. Ellos no se prepararon a sí mismos para estar en el ministerio al que Dios los había llamado.

Carácter y Conducta

¿Cuáles son algunos de las requisitos de un ministro llamado al oficio apostólico o a cualquier ministerio? Primera de Timoteo 3:2 dice que él debe ser "irreprensible".

Yo voy a citar otras traducciones de este mismo versículo para ayudarle a ver este requisito más claramente.

1 TIMOTEO 3:2 (SIGLO VEINTE)
2 ...Un hombre de carácter irreprensible...

1 TIMOTEO 3:2 (WEYMOUTH)
2 ...Un hombre de carácter irreprochable...

1 TIMOTEO 3:2 (AMPLIFICADA)
2 ...No debe dar lugar para acusaciones sino que debe ser sin reproche...

1 TIMOTEO 3:2 (TAYLOR)
2 ... Debe ser un hombre bueno de cuya vida no se hable mal.

Primera de Timoteo 3:2 dice, "... Sobrio, prudente, decoroso..."

El Nuevo Testamento del *Siglo Veinte* dice, "Él debe vivir una vida sobria, discreta, y muy bien ordenada".

La traducción *Weymouth* dice, "Un ministro entonces debe ser un hombre de carácter irreprochable, fiel a su única esposa, moderado, sobrio, de buen comportamiento..."

La Biblia Amplificada dice que debe ser, "circunspecto y moderado y que sabe controlarse a sí mismo, [el debe ser] sensible y de buen comportamiento, decoroso y llevar una vida ordenada (disciplinada)..."

Yo no inventé esos requisitos para el ministerio. El Espíritu Santo inspiró a Pablo para que los escribiese. Como puede ver, entrar en el ministerio es una gran responsabilidad. Es por eso que cada ministro, incluyendo un apóstol, debe ser decoroso y llevar una vida ordenada y disciplinada. ¡Tan sólo ese párrafo deja fuera a muchos ministros!

En otras palabras, la vida de un ministro debe reflejar el llamado de Dios, no sólo en el equipamiento espiritual, sino en conducta y carácter. Su carácter debe ser digno de su llamado.

Un apóstol o un ministro debe ser irreprochable en su conducta y hábitos. Si los ministros no cumplen con estos requisitos, nunca alcanzarán todo su potencial en el ministerio. Algunos ministros van a tener que hacer los ajustes necesarios para poder cumplir el ministerio que el Señor tiene para ellos.

Algunos ministros pueden sentir un llamado a un ministerio de tipo apostólico. Mientras sean fieles en servir a Dios en sus posiciones actuales y tomen tiempo esperando en la presencia de Dios en oración y la Palabra, llegará un tiempo en el que tendrán la confirmación del Espíritu en su espíritu. Entonces serán capaces de poder caminar en la habilidad de Dios para cumplir su llamado.

Su propósito no será atraer gente para que los sigan, sino llamar a hombres y mujeres para que sigan a Jesús. Un verdadero apóstol con el carácter de Cristo se humilla a sí mismo delante del Señor y se compromete a nunca atraer la atención hacia sí mismo.

Jesús dijo, *"... si fuere levantado de la tierra, a todos atraeré a mí mismo"* (Juan 12:32). Uno llamado al oficio apostólico, que ha tomado el tiempo para desarrollar su carácter, va a preferir ocultarse a sí mismo y exaltar a Jesús.

Todos nosotros necesitamos examinarnos y trabajar en desarrollar nuestro carácter y conducta para asegurarnos que refleje el supremo llamado de Cristo. Si los creyentes necesitan examinarse a sí mismos, mucho más los que son llamados por Dios al oficio apostólico necesitarán dejar de lado todo peso que sea un obstáculo para su supremo llamado en Cristo.

APTO PARA ENSEÑAR SANA DOCTRINA

1 TIMOTEO 3:2

2 Pero es necesario que el obispo sea irreprensible... sobrio, prudente, decoroso, hospedador, APTO PARA ENSEÑAR.

Un verdadero apóstol también calificará siendo apto para enseñar sana doctrina bíblica, no tangentes doctrinales ni enseñanzas extremas. Y se asegurará en basar su ministerio sólidamente en la Palabra, y no en los dones espirituales o en señales y prodigios.

Algunos se equivocan cuando piensan que pueden seguir la *doctrina* de alguien llamado apóstol porque ven señales milagrosas y maravillas operando en su ministerio. No, la doctrina de cada ministro debe alinearse con la Biblia, aún si señales o prodigios ocurren en su ministerio.

El Rev. P.C. Nelson fue un sobresaliente erudito en griego y hebreo y un tremendo maestro bíblico. Él dijo algo respecto a esto sobre John Alexander Dowie que me ayudó tremendamente en esos años.

Dowie fue un gran pionero en el mensaje de sanidad divina en los Estados Unidos. Muchos maravillosos milagros de sanidad tomaron lugar en el ministerio de Dowie. Sin embargo, Dowie se equivocó doctrinalmente al anunciar que era el tercer Elías que tenía que venir. P.C. Nelson acerca de Dowie: "Tú puedes seguir la *fe* de Dowie, pero no su *doctrina*".

Amigos, regresen al Antiguo Testamento y lean la historia de Sansón. Pueden ver en la vida de Sansón señales y prodigios operarando en su vida, pero eso no necesariamente significa que él tenía un carácter piadoso *o* una sana doctrina.

Por ejemplo, Sansón tenía la operación de hacer milagros en su vida. Aún cuando él estuvo viviendo con una mujer en adulterio y mintiendo, el don de hacer milagros siguió operando en su vida por un tiempo (*ver* Jueces capítulo 16). Ahora, no me malentiendan. Vino el tiempo cuando Dios juzgó a Sansón por su pecado. Sansón se despertó y quiso librarse de los filisteos "*... pero él no sabia que Jehová ya se había apartado de él*" (Jueces 16:20).

Bueno, gracias a Dios por los milagros que operaron en la vida de Sansón, pero su vida no era un estándar moral para seguir.

La gente inocente se extravía cuando trata de seguir la doctrina de alguien debido a las señales sobrenaturales y maravillas que ocurren en su ministerio. Pablo dijo, "*sed imitadores de mi, ASÍ COMO YO DE CRISTO*" (1 Corintios 11:1).

Usted puede seguir la doctrina de una persona mientras siga a la Palabra. Pero no preste atención a ninguno llamado apóstol o cualquier ministro si lo que él dice no puede ser respaldado por la Palabra.

El solo hecho de que una persona esté en un oficio ministerial no significa que usted deba escuchar lo que dice si no es bíblico—aún si el poder milagroso de Dios está siendo demostrado en su vida por un tiempo. El tiempo llegará en que Dios tendrá que juzgar el error doctrinal.

Usted puede seguir la fe de alguien, pero no su doctrina. Algunas veces la gente trata de seguir la doctrina de alguien *por causa de* su fe. Pero esto no es bíblico.

El pasar por alto un pequeño error doctrinal eventualmente se volverá un grave error. Por ejemplo, si usted vuela desde Tulsa hacia Los Ángeles y se sale un poquito de curso, y si el piloto no lo corrige, se desviaría tanto que nunca alcanzaría su destino.

La misma cosa es cierta espiritualmente. Si usted se sale de curso espiritualmente tan sólo un poquito, necesita corregirse inmediatamente y alinearse con la Palabra. De otra manera, mientras más lejos vaya, mayor será el error doctrinal.

Un verdadero apóstol enseñará sana doctrina bíblica. Y respaldará lo que dice con la Palabra.

No Un Amante Del Dinero

La Biblia da uno de los requisitos para aquellos en el ministerio como alguien "*... no codicioso de ganancias deshonestas*" (1 Timoteo 3:3). La Biblia tiene mucho que decir acerca de los ministros del Evangelio y cómo ellos obtienen dinero. En el *Nuevo Testamento de Worrell,* la nota al pie de página para Primera de Timoteo 3:2 dice que un ministro del Evangelio no debe usar "su oficio para obtener dinero de la gente mediante extorsión".

A través de los años, a veces he visto algunos usar sus ministerios y la unción que estaba sobre ellos para obtener dinero de la gente. Por ejemplo, una vez visité las reuniones de cierto ministro, quien tenía un maravilloso ministerio de sanidad. En esta reunión en particular, cinco sordomudos fueron traídos de una institución estatal para ser sanados. Este hombre ministró a los cinco, y todos ellos fueron instantáneamente sanados y pudieron tanto oír como hablar.

Inmediatamente, el ministro detuvo la reunión y levantó una ofrenda. El sabía que podía obtener una gran ofrenda mediante aquella gran demostración del poder de Dios. La gente corrió para darle dinero debido a estas sanidades milagrosas.

Algunas personas darían grandes sumas de dinero para ser sanados. Pero la sanidad no puede ser comprada; Jesús ya pagó por ella en el Calvario. Este hombre usó su ministerio, y realmente, el poder sanador de Dios, para obtener dinero de una manera incorrecta. ¿Qué pasó con este ministro? Esta debilidad en su carácter, como también otros errores que no corrigió, eventualmente le costaron no sólo su ministerio sino su vida.

En la primera visión en la que Jesús se me apareció, en Rockwall, Texas, una de las cosas que Él me dijo fue, "Hay dos cosas en las cuales hay que ser muy cuidadosos. Número uno, asegúrate de dar siempre todo el honor y la gloria por todo lo que pase a Mí y a Mi Nombre".

"Segundo, sé muy cuidadoso en cuanto al dinero. Muchos en quienes He puesto Mi Espíritu, unción y llamado a cierto ministerio, se han enfocado mentalmente en el dinero y han perdido la unción".

Ningún ministro debe usar su posición por ganancia personal. *La Biblia Amplificada* trata aún más claro el asunto de ministros y dinero.

1 TIMOTEO 3:3, 8 (AMPLIFICADA)
3 ...no un amante del dinero—insaciable por riquezas y listo para obtenerlas DE FORMAS CUESTIONABLES...

8 ...no codicioso por ganancias—ansiando riqueza y RECURRIENDO A COSA INNOBLES y MÉTODOS DESHONESTOS para obtenerlas.

Ésta es una razón por la cual le digo a la gente, "Tengan cuidado de aquellos que profetizan que dinero salga de sus bolsillos hacia los de ellos. Apártense de ellos". Los ministros pueden levantar ofrendas, por supuesto, y comunicar a la gente sobre una necesidad, pero nunca deben enfocarse en el dinero. Ningún ministro debería usar su supremo llamado en Cristo por ganancia personal.

En mi ministerio, he tratado de hablar lo menos posible acerca de dinero. No creo que debamos enfatizar el dinero. Simplemente creo que si alimento a la gente, ella me va a alimentar a mí, y Dios proveerá. Realmente, un ministro del Evangelio debe estar interesado en edificar el Reino de Dios y no en usar el dinero para su propia ganancia personal.

Gordon Lindsay habla acerca de los ministros y el dinero en su libro, *Apóstoles, Profetas y Gobiernos*:

> Judas, uno de los Doce originales y quien compartió su ministerio, se descalificó a sí mismo y también destruyó su propia alma al utilizar su posición por ganancia personal.......
>
> Un verdadero apóstol debe estar por encima aún de toda sospecha de poseer un espíritu codicioso. Él puede, por los intereses del Reino, ser responsable de manejar grandes sumas de dinero, como los Apóstoles hicieron cuando la multitud vendía sus posesiones y ponían el dinero a los pies de ellos (Hechos 4:34-37). Pero él será un mayordomo fiel y no malgastará en sí mismo el dinero dado a la causa de Cristo para la obra del Reino. La historia de Judas, a la cual se le da tanta prominencia en las Escrituras, es de profundo significado.[1]

Los ministros del Evangelio, incluyendo los apóstoles, deben ser libres de reproche en cualquier área, incluyendo cómo manejan el dinero y cómo lo obtienen.

NO UN NEÓFITO

Otro requisito para el oficio apostólico y para el ministerio en general es que un ministro no debe ser un neófito. En Primera de Timoteo 3:6, Pablo dijo que no se debe poner a un neófito en autoridad: *"no un neófito, no sea que envaneciéndose caiga en la condenación del diablo"* (1 Timoteo 3:6).

Un neófito es un nuevo cristiano o alguien que es joven y que no se ha desarrollado en las cosas espirituales. Muchas personas pueden haber sido salvas por muchos años, pero podrían seguir siendo neófitos si es que no se han desarrollado espiritualmente.

¿Por qué un neófito no debería ser puesto en una posición de autoridad tal como el oficio apostólico? Un ministro y su ministerio deben ser probados primero, y entonces podrá ser plenamente usado por Dios.

Hablando del ministerio de un diácono, Pablo dijo *"...también sean sometidos a prueba primero, entonces ejerzan el diaconado, si son irreprensibles"* (1 Timoteo 3:10). Un diácono es un ayudante. Si un ayudante necesita ser probado, es correcto razonar que un Apóstol que está en un oficio de mayor responsabilidad también necesita ser probado.

¡Es por esto que me divierto contemplando a éstos jóvenes que andan por allí diciendo "soy un apóstol" o "soy un profeta"! ¡Ellos no son más apóstoles o profetas de lo que yo soy un nido de aves! Dios no va a violar Su propia Palabra y mentir, al poner neófitos en un oficio de autoridad y de supervisión espiritual.

Yo tuve una experiencia con un llamado apóstol cuando estuve predicando una vez en Texas. Tan solo tenía 30 años en aquel entonces pero ya había estado en el ministerio por muchos años, predicando, enseñando, e imponiendo manos sobre los enfermos.

Había un joven de 20 años que se llamaba a sí mismo apóstol porque un cierto sujeto llamado profeta había impuesto sus manos sobre él y supuestamente lo había *hecho* un apóstol. ¡El profeta supuestamente lo *puso* en el oficio apostólico!

Este joven pensó que como era un apóstol, tenía autoridad sobre todos los otros dones del ministerio en el Cuerpo de Cristo. Así que vino a mí y me dijo, "ya que soy un apóstol, tengo autoridad sobre ti. Te diré dónde tendrás tus reuniones y dónde predicarás. Yo voy a hacer tu agenda por ti".

¡Este hombre ni siquiera era un predicador, y mucho menos un apóstol! ¡Ni siquiera podía llamar cerdos, y mucho menos predicar!

Yo le dije "Ah, ¿Cuántas Iglesias has empezado?".

Y este llamado apóstol me respondió, "no he comenzado ninguna Iglesia".

¡Él ni siquiera podía construir un gallinero, y mucho menos empezar una Iglesia! Debe observar que algunos de estos llamados apóstoles quieren venir y tomar la obra de alguien más, ¡pero ellos no quieren pagar el precio de ser los pioneros en una obra propia! ¡Ellos no son apóstoles; son falsos apóstoles—ciertamente no son apóstoles del Nuevo Testamento!

"Porque....", le dije, "¡tú no eres más apóstol de lo que yo soy astronauta!"

Entonces él me dijo, "Estás en rebelión porque no te quieres someter bajo mi autoridad! Voy a echar fuera ese espíritu de rebelión de ti".

Yo no necesitaba que echasen fuera nada de mí. Un hombre que dice cosas como estas necesita que se le *saque* algo fuera de él—la ignorancia;—y la enseñanza de la Palabra hace eso.

Como puede ver, cuando éste así llamado profeta impuso sus manos sobre este tipo y supuestamente hizo de él un apóstol, el "apóstol" se exaltó y levantó en orgullo espiritual. Debido a que él era un neófito, no tenía la sabiduría espiritual ni la madurez para discernir la sana doctrina, así que cayó en la condenación y lazo del diablo.

La traducción *Weymouth* dice que un ministro "... no debe ser un nuevo convertido, por el temor de que él pueda ser enceguecido por el orgullo y venga bajo la misma condenación que el diablo". Usualmente los sujetos que andan por allí declarándose a sí mismos apóstoles o profetas se han levantado en orgullo. Quieren ser apóstoles porque piensan que esto les da autoridad sobre los otros dones del ministerio.

Esta es la razón por la que la gente debería alcanzar cierta edad y responsabilidad antes de ser ordenados en el ministerio. Cualquier ministro puede ir y comprar un Certificado de Ordenación de esas organizaciones que las otorgan de un día para otro. Pero no están ordenados bíblicamente.

Un ministro del Evangelio debería querer estar asociado con una organización ministerial que no sólo tenga dignidad, sino que sea honorable y bíblico al ordenar sus ministros—una que demande ciertos requisitos para la ordenación.

Un Buen Testimonio

1 TIMOTEO 3:7

7 También es necesario que tenga BUEN TESTIMONIO DE LOS DE AFUERA, para que no caiga en descrédito y en lazo del diablo.

El ocupar cualquier oficio ministerial es un asunto serio. Uno debe tener un buen testimonio como resultado de su carácter y conducta irreprochables.

Quiero que observe algo que la Biblia dice en el libro de Santiago: *"Hermanos míos, no os hagáis maestros muchos de vosotros, sabiendo que recibiremos mayor condenación"* (Santiago 3:1).

La palabra "Maestro" aquí se entiende más claramente en la *Biblia Amplificada.*

SANTIAGO 3:1 (AMPLIFICADA)
1 No muchos [de Ustedes] deben ser Maestros [auto-constituidos críticos o reprobadores de otros], hermanos míos, porque saben que nosotros [los Maestros] SEREMOS JUZGADOS POR UN MÁS ALTO ESTÁNDAR Y CON MAYOR SEVERIDAD [que otras personas]. De esta manera asumimos mayor responsabilidad y mayor condenación.

Yo no creo que esto sólo se refiera a maestros. Es verdad concerniente a cada don del ministerio, incluyendo al oficio apostólico. Cada don del ministerio será juzgado por el más alto estándar. Y porque seremos *juzgados* por un más alto estándar, deberíamos *poner* un más alto estándar en nuestro carácter y conducta. Cada ministro debe tener un buen testimonio aún delante de aquellos que no son salvos.

Es una asombrosa responsabilidad ser llamado a estar en el oficio apostólico, o a cualquier otro oficio ministerial por tal razón. Sólo podemos cumplir con nuestros ministerios con la ayuda del Espíritu Santo. El *llamado* y *equipamiento* espiritual tiene que ver con el hombre interior. Pero podemos ver que los *requisitos* para el ministerio tienen que ver con el hombre exterior.

Dios ha hecho algo con el hombre interior. Él ha cumplido Su parte al poner el llamado en el espíritu del hombre y al darle el equipamiento espiritual para cumplir dicho llamado. Pero el ministro debe presentar su cuerpo—el hombre exterior—como un sacrificio vivo de modo de poder calificarse a sí mismo para asumir dignamente tal supremo llamado en Cristo Jesús.

SANTIAGO 3:2 (AMPLIFICADA)
2 Porque todos nosotros frecuentemente tropezamos y caemos y ofendemos en muchas cosas. Y si alguno no ofende al hablar—nunca dice cosas incorrectas —tiene un carácter totalmente desarrollado y es un hombre perfecto, capaz de controlar todo su cuerpo y de refrenar su entera naturaleza.

La traducción de *Moffatt* dice, "En muchas cosas tropezamos". La nota al pie de página en la traducción de *Moffatt* dice, "Las imperfecciones caracterizan al hombre". Ninguno de nosotros es perfecto aún, pero todos deberíamos estar caminando hacia la madurez en Cristo.

Si cualquier ministro ha fallado en alguna de estas áreas, necesita arrepentirse y pedirle a Dios que lo perdone. Luego necesitará ver que sea perfeccionado en éstas áreas. Cada Don del ministerio debe ser guía y ejemplo en conducta y carácter cristiano.

SEA FIEL EN PREPARARSE A SÍ MISMO

Si Dios le llama para que sea apóstol, *Él s*obrenaturalmente, lo equipará. Pero no empezará de ningún modo en ese oficio. Dios tiene Su manera de hacer las cosas. Usted tan solo necesita prepararse para que Dios pueda usarle en cualquier forma que Él desee. La Biblia dice, *"Procura con diligencia presentarte a Dios aprobado, como obrero que no tiene de qué avergonzarse, que usa bien la palabra de verdad"* (2 Timoteo 2:15).

Aunque inmediatamente no sea capaz de entrar al ministerio que Dios tiene para usted, puede prepararse a través del estudio de la Palabra y preparar su corazón. Usted puede hacer su parte. El tiempo de preparación nunca es un tiempo desperdiciado.

Si es fiel en su tiempo de preparación al estudiar la Palabra de Dios para presentarse aprobado, en el tiempo de Dios, paso a paso, Él le moverá al ministerio que eventualmente tiene para usted. Así como es fiel en prepararse, Él será fiel en abrir puertas para el ministerio.

También debe prepararse para su supremo llamamiento en Cristo separándose de las cosas del mundo que le alejan de las cosas de Dios. A veces necesitará dejar a un lado aquellas cosas que no son necesariamente pecado, pero que le quitan tiempo valioso. El Señor está buscando aquellos que se dediquen y consagren totalmente a Él para Su uso.

Es cuando presentamos nuestros cuerpos como sacrificios vivos y renovamos nuestra mente con la Palabra de Dios, que Dios puede usarnos plenamente. La Biblia dice, *"...Andad en el Espíritu, y no satisfagáis los deseos de la carne"* (Gálatas 5:16). Y *"...el que siembra para su carne, de la carne segará corrupción; mas el que siembra para el Espíritu, del Espíritu segará vida eterna"* (Gálatas 6:8).

Si es fiel en estudiar la Palabra de Dios y en servirlo a Él allí donde está, Dios le pondrá y promoverá como *Él* desee. Pero recuerde esto: *No se fije en nombres ni en títulos.* Si usted tiene que decirle a la gente que es un Apóstol o un Profeta, entonces probablemente no lo sea. Usted no tiene que ir por allí diciendo a todos que es un hombre o una mujer, ¿no es así? Usted ha nacido así y esto es evidente a todos.

Lo mismo es cierto en el ámbito espiritual. Si es llamado al ministerio, fácilmente debería poder distinguirse lo que usted es y cuál es su llamado. No debería necesitar ir por allí diciendo a la gente cuál es su llamado, colocándose títulos y etiquetas. La gente sabrá lo que es por su equipo espiritual y sus talentos.

Y si no sabe a lo que Dios lo llamó, simplemente sea fiel en servirlo allí donde está. Sea fiel en su Iglesia local, estudie Su Palabra, y déjele el resto a Dios.

Recuerde también esto: *Dios recompensa la fidelidad. Él no recompensa oficios.* Un apóstol o Profeta no recibirá más recompensa que cualquier otro que haya sido fiel en hacer lo que Dios le llamó a hacer. Los más altos oficios no recibirán mayor recompensa; tan sólo hay una mayor responsabilidad que va junto al oficio.

Es por esto que es importante que sea fiel en cumplir las responsabilidades que Dios le ha dado a *usted*, porque *¡Dios recompensa la fidelidad!*

---

[1]Lindsay, pp. 18,19.

SECCIÓN II

PROFETAS

CAPÍTULO 5

EL OFICIO DEL PROFETA CONTRASTADO EN EL ANTIGUO Y NUEVO TESTAMENTO

...Subiendo a lo alto (Jesús), llevó cautiva la cautividad, y dio Dones a los hombres...

Y él mismo constituyó a unos, APÓSTOLES; a otros, PROFETAS; a otros, EVANGELISTAS; a otros, PASTORES y MAESTROS.

—Efesios 4:8, 11

A través de los años Jesús se me ha aparecido muchas veces, y en cada oportunidad me ha instruido acerca del ministerio relacionado con la iglesia. En estas visitaciones, Él me explicó que Sus planes para la Iglesia bajo el Nuevo Pacto son diferentes a Sus tratos con Israel bajo el Antiguo Pacto.

La gente bajo el Antiguo Pacto no había nacido de nuevo, Dios no podía tratar con ellos *en el Espíritu* porque sus espíritus no habían sido recreados ni nacido de nuevo. Pero bajo el Nuevo Pacto, nuestros espíritus han sido recreados a imagen y semejanza de Dios, así Dios puede tratar con nosotros *en el Espíritu* como Sus *hijos* nacidos de nuevo.

Por lo tanto, el plan de Dios para la Iglesia—el Cuerpo de Cristo—bajo el Nuevo Pacto es diferente en muchos aspectos a lo que ellos vivieron bajo el Antiguo Pacto.

Por ejemplo, Su plan para la Iglesia *en el ministerio* es diferente bajo el Nuevo Pacto al que fue bajo el Antiguo Pacto. Dios trata con la Iglesia—el Cuerpo de Cristo—de manera diferente en cuanto al ministerio, que lo que hizo con los israelitas que no eran nacidos de nuevo.

EL PROFETA BAJO EL ANTIGUO PACTO

En este capítulo, compartiré con usted lo que Jesús me dijo acerca de las diferencias entre el oficio del Profeta bajo el Antiguo Pacto y bajo el Nuevo Pacto.

La primera vez que Jesús me habló acerca del oficio del Profeta fue en 1959. En esta visión, el Señor me habló por una hora y media acerca del ministerio del Profeta. (Para un registro completo de esta visión, por favor revisar el libro del Rev. Kenneth E. Hagin "Yo creo en Visiones"). Después Jesús también se me apareció en 1987 y me habló acerca de los oficios del Apóstol y del Profeta y acerca de la Iglesia local.

En la visión de 1959 Jesús me dijo, "Hay una diferencia entre el profeta del Antiguo Testamento y el profeta del Nuevo Testamento. Es aquí donde mucha gente se equivoca hoy en día. Ellos tratan de darle al profeta del Nuevo Testamento el mismo estatus que tenía el profeta en el Antiguo Testamento, y realmente no lo tiene".

"Ante todo", dijo Jesús, "el profeta del Antiguo Testamento era el único *ministerio* en operación desde el punto de vista de predicar o enseñar a la gente por inspiración. Eso no es cierto bajo el Nuevo Testamento. Bajo el Nuevo Pacto, Yo he puesto *los cinco dones del ministerio* en la Iglesia para la perfección de los santos" (Efesios 4:11–12).

"No solamente eso, pero bajo el Nuevo Pacto cada creyente debe seguir al Espíritu Santo por sí mismo. [Romanos 8:14]. Bajo el Antiguo Pacto hubo un sistema de sacrificios en la adoración porque Dios estaba tratando con personas que estaban muertas espiritualmente; ellos no podían adorar a Dios en *espíritu* y en verdad".

"Pero bajo el Nuevo Pacto, los creyentes no tienen que establecer algún método, para adorar a Dios o comunicarse con él. Los creyentes deben adorar a Dios en Espíritu y en verdad, y deben ser guiados por su espíritu".

"Bajo el Antiguo Testamento", Jesús continuó, "las únicas personas que fueron especialmente ungidas por Dios eran los profetas, sacerdotes y el rey. El rey era ungido por el Espíritu Santo para estar en ese oficio, pero no estaba ungido para predicar. El sacerdote era ungido por el Espíritu Santo para ocupar ese oficio pero tampoco era un predicador. Él enseñaba la ley a la gente para que pudiese obedecer los mandamientos y preceptos de Dios. Pero él no era un predicador".

"Por supuesto", continuó Jesús, "los sacerdotes tenían un ministerio bajo el Antiguo Pacto. Pero no era necesariamente un ministerio de *predicación* y *enseñanza.* Ellos exhortaban al pueblo en cuanto a los caminos del Señor y en cómo llevar adelante el sistema de sacrificios. Pero, realmente bajo el Antiguo Pacto los profetas eran los únicos *predicadores* o *ministros* que el pueblo tenía. El profeta era el único que podía hablar por Dios siendo inspirado por el Espíritu Santo".

"Tú puedes observar cómo los profetas se mantuvieron predicando a Israel, tratando de que el pueblo se volviese a Dios. Aún en el Antiguo Testamento, el profeta era un predicador y él predicaba por inspiración".

Jesús continuó, "Bajo el Antiguo Testamento, aquéllos que nosotros llamamos laicos no tenían el Espíritu Santo. El Espíritu Santo venía sobre el profeta, sacerdote y el rey para ungirlos y estar en aquellos oficios. Pero los hombres laicos no tenían el Espíritu Santo sobre ellos".

"Recuerda que David fue profeta, sacerdote y rey" (Hechos 2:25, 30; 2 Samuel 5:12; 24:25). Nadie más excepto el profeta, sacerdote y rey tenía el Espíritu Santo en alguna medida. La única excepción a esto fue cuando Dios algunas veces llamaba personas para llevar a cabo tareas o funciones especiales para Él. Entonces Él los ungía con el Espíritu Santo solamente para realizar aquella tarea".

Al leer las Escrituras, muy frecuentemente encontramos que Dios *ungió* o *dio poder* a alguien por Su Espíritu, y esto fue para que haga una obra particular para Él. Por ejemplo, cuando Dios quiso que Gedeón salvase a Israel de mano de los madianitas, Él lo ungió sólo para hacer esto (*vea* Jueces capítulo 6).

Pero Gedeón no tenía al Espíritu Santo viviendo en él para que lo guiase, así que él sólo podía seguir a Dios en el ámbito natural. Es por eso que él no estaba seguro si era Dios el que estaba tratando con él. Él puso un vellón de lana delante de Dios para asegurarse de que era realmente Dios quien lo guiaba (Jueces 6:36–40). Dios no estaba *en* el espíritu de Gedeón porque Gedeón no había nacido de nuevo, así que Dios tuvo que guiarlo a través de la carne en el reino natural.

Jesús me explicó todo esto. Y después me dijo en la visión: "Muy rara vez bajo el Nuevo Pacto Dios guía a alguien a través de la carne. Cuando Él lo hace, es sólo porque las personas son tan insensibles y torpes espiritualmente que no entenderían si Él los guiara de otra manera".

Jesús señaló que el Nuevo Testamento dice *"Porque todos los que son guiados por el Espíritu de Dios, éstos son hijos de Dios"* (Romanos 8:14). No dice que todos los que son guiados por vellones o a través de la carne en el ámbito natural son hijos de Dios.

Bajo el Antiguo Pacto la gente no podía ser guiada por su espíritu, y no podían acercarse a Dios por sí mismos. Ellos tenían que acercarse a Dios a través del sacerdote. Tenían que traer un sacrifico y una ofrenda, y nadie podía entrar al Lugar Santísimo donde estaba la presencia de Dios, excepto el Sumo Sacerdote. Y el Sumo Sacerdote lo hacía solamente con gran precaución. Si alguien más entraba al Lugar Santísimo caía muerto instantáneamente.

Jesús me dijo, "Bajo el Antiguo Pacto, el profeta guíaba a la gente porque ellos no tenían al Espíritu Santo. Así que el pueblo tenía que ir al profeta para inquirir lo que el Señor decía.

El Profeta Bajo el Nuevo Pacto

"Pero bajo el Nuevo Pacto", Jesús continuó, "Yo no puse al profeta en ese oficio para guiar o dirigir a los creyentes. Cada creyente tiene el Espíritu Santo *en sí* para guiarlo y dirigirlo; cada creyente puede oír de Dios por sí mismo. Por lo tanto, bajo el Nuevo Pacto no es bíblico buscar guía a través de un profeta".

Jesús dijo, "Algunas veces en Su propia soberanía divina, Dios puede hablar una palabra a una persona a través de un profeta para confirmar algo que el creyente ya tiene en su propio espíritu. Pero el profeta no está para guiar o dirigir a la gente a través de ese oficio; normalmente cada creyente va a ser guiado por el Espíritu Santo a través de su *propio* espíritu".

"Los hijos de Dios pueden *esperar* ser guiados por el Espíritu de Dios [Romanos 8:14]. Por lo tanto, la forma número uno en la cual el Espíritu Santo guía a todos los cristianos, incluyendo a los profetas, es por el testimonio interior".

"Segundo, el Espíritu Santo guía a los creyentes a través de la suave y apacible voz interior. Y tercero, los creyentes son guiados por la voz de autoridad del Espíritu Santo en su propio espíritu".

"Entonces, en cuarto lugar", dijo Jesús, "muy rara vez, pero de vez en cuando como Él quiere, el Espíritu Santo puede guiar a la gente por una visión o un revelación. Por supuesto esto ocurre más frecuentemente en aquellos llamados al oficio del profeta".

Como puede ver, bajo el Nuevo Testamento, nosotros tenemos un mejor Pacto basado en mejores promesas (Hebreos 8:6), y nosotros no necesitamos buscar dirección para nuestras vidas de ninguna otra fuente, excepto Dios. Jesús es nuestro Sumo Sacerdote. El libro de Hebreos nos dice que Jesús entró una vez y para siempre con Su sangre y obtuvo eterna redención para nosotros (Hebreos 9:2). Y debido a que los creyentes son nacidos de nuevo, ellos pueden ser guiados por el Espíritu Santo en su propio espíritu (Romanos 8:14).

Jesús también explicó que bajo el Nuevo Pacto, todos los creyentes fueron hechos reyes y sacerdotes delante de Dios (1 Pedro 2:9 y Apocalipsis 5:9–10). En otras palabras, todos los creyentes tienen acceso a Dios por sí mismos; ellos no tienen que ir a través de un sacerdote o un sistema de sacrificios para llegar a Dios. Ellos no tienen que ir a través de un intermediario de ningún tipo—aún una persona que tenga un oficio ministerial—para poder llegar a Dios o recibir Su consejo y guía.

Por supuesto, el pastor tiene que supervisar el rebaño (Hechos 20:28). Pero los creyentes no tienen que ir a través de su pastor para obtener respuestas a sus oraciones o para poder comunicarse con Dios. El pastor es solamente un supervisor espiritual para ayudar a los creyentes en el cuerpo local, y está ungido por el Espíritu Santo para estar en ese oficio. Pero los creyentes no tienen que buscar a Dios a través de él.

Jesús dijo, "Por supuesto, hay una similitud entre el ministerio del Profeta del Antiguo y Nuevo Testamento. Por ejemplo, una característica del Profeta bajo el Antiguo Pacto era que ellos eran llamados videntes porque podían ver en el mundo espiritual y conocer cosas sobrenaturalmente".

"Esto también es cierto acerca de los profetas bajo el Nuevo Pacto; ellos ven y conocen cosas sobrenaturalmente. Los dones de revelación tales como la palabra de conocimiento o la palabra de sabiduría usualmente operan con el don del discernimiento de espíritus".

El don de palabra de conocimiento es una revelación sobrenatural por el Espíritu de Dios concerniente a ciertos hechos en la mente de Dios en cuanto a personas, lugares o cosas en el *pasado* o el *presente.*

La palabra de sabiduría es una revelación sobrenatural sobre eventos que ocurrirán en el *futuro*, o acerca de los planes y propósitos de Dios. El discernimiento de espíritus permite que los profetas vean y oigan en el ámbito del espíritu.

Escuelas de Profetas

En una visión de 1959, Jesús también me mostró otra mayor diferencia entre el profeta del Antiguo Pacto y del Nuevo Pacto.

Jesús explicó, "Bajo el Antiguo Testamento, debido a que los profetas eran los únicos ministros que la gente tenía, era bíblico el tener escuelas en las cuales ellos podían ser entrenados".

"Pero bajo el Nuevo Pacto", explicó Jesús, "Mi plan para la Iglesia del Nuevo Testamento *en el Ministerio* es diferente de lo que fue bajo el Antiguo Pacto. Es por eso que Yo constituí los cinco ministerio en la Iglesia. Como verás, todos los ministerios necesitan básicamente el mismo entrenamiento".

Jesús dijo, "Una razón por la que no es bíblico bajo el Nuevo Testamento tener escuelas de profetas es que esto dejaría la impresión de que los profetas son el único don del ministerio que hay bajo el Nuevo Pacto, o el más importante, y no lo son".

"Bajo el Nuevo Testamento, es bíblico tener escuelas para *ministros* debido a que todos los dones del ministerio necesitan básicamente el mismo entrenamiento. El profeta no necesita un entrenamiento *básico* diferente al de los otros dones del ministerio. Entonces, una vez que los dones del ministerio reciban el mismo entrenamiento fundamental, déjenme a Mí separar a cada uno de ellos al ministerio al que Yo los he llamado" (*vea* Hechos 13:2).

Jesús continuó, "Hay algunas cosas en las que el profeta necesita ser enseñado, así como hay algunas cosas en las que el apóstol, el evangelista, el pastor y el maestro necesitan ser enseñados. Pero básicamente, los mismos *principios*, *entrenamiento* y *requisitos* que se aplican al profeta, se aplican a todos los dones del ministerio. Esto es entrenamiento *ministerial*".

Antes de que el Señor me explicara esto, yo había pensado en tener una escuela de profetas. Luego, Él me explicó esto, y es la razón por la cual empezamos el Colegios de *Entrenamiento* Bíblico Rhema—y no una escuela de profetas.

Lo que sucede muchas veces es que la gente trata de traer prácticas del Antiguo Testamento hacía el Nuevo Testamento cuando nosotros nos encontramos en un diferente pacto. Nosotros estamos bajo un *mejor* pacto establecido en *mejores* cosas (Hebreos 8:6).

Rangos o Clases de Profetas

En la visitación de 1987, Jesús me explicó sobre los diferentes niveles, rangos o clases en cada uno de los dones del ministerio. Y Él me explicó esto a partir de las Escrituras.

Jesús dijo que hay diferentes rangos o clases en el oficio del profeta, así como lo hay en todos los dones del ministerio. Hubo profetas fundacionales, como Pablo, quien estableció la doctrina del Nuevo Testamento. Nosotros no tenemos en la actualidad profetas de ese rango o de esa clase.

Muchos piensan que el oficio del profeta terminó con los profetas de la Iglesia Primitiva. Ellos no se dan cuenta que aquel oficio está aún en operación. Sin embargo, los profetas en nuestros días están en un diferente rango o clase que los profetas del Antiguo Testamento o que los profetas fundacionales de la Iglesia Primitiva.

El profeta en el rango o clase en la Iglesia de hoy en día no añade doctrina fundamental de las Escrituras. Por supuesto, como un don del ministerio, él está para *edificar y levantar* el Cuerpo de Cristo. Un profeta puede iluminar la Palabra al Cuerpo de Cristo compartiendo revelación que sea relevante para hoy en día. Pero él no está para añadir nueva *doctrina* al fundamento del Nuevo Testamento.

Los profetas fundacionales de la Iglesia Primitiva trajeron la revelación del misterio de Cristo—el Evangelio. Pablo es un ejemplo de tales profetas. También hubo en la Iglesia Primitiva profetas de un menor rango o clase, tales como Agabo, quien no colocó fundamento *doctrinal*.

Por ejemplo, Agabo trajo revelación de que una sequía vendría (Hechos 11:28). El Espíritu Santo advirtió a la iglesia de cosas que iban a venir a través de Agabo, pero ésta no fue una revelación de doctrina que debía añadirse al fundamento del Evangelio.

Medidas de Unción

Jesús también me dijo en la visitación de 1987 que hay diferentes *grados* o *niveles* de unción en aquellos que están en los cinco dones del ministerio. La *unción* sobre una persona para el ministerio se refiere al *poder y equipamiento* del Espíritu Santo sobre ella, de manera que ésta pueda pararse en el oficio del Ministerio.

Jesús dijo que es posible para aquellos llamados a estos oficios ministeriales el operar en diferentes niveles de unción; algunos operan con una mayor unción y algunos con una menor unción en un oficio ministerial dado.

Por ejemplo, todos nosotros hemos visto evangelistas que son más ungidos que otros, o pastores o maestros más ungidos que otros. Algunas veces, los que están en oficios ministeriales operan en un bajo nivel de unción cuando empiezan en el ministerio, pero al ser ellos fieles a lo que Dios les llamó a hacer, Dios los promueve a un nivel más alto de unción.

Jesús dijo que esto mismo es cierto con el profeta. No solamente hay diferentes clases de profetas, sino que dentro de cierto rango o clase del oficio del profeta, también hay diferentes medidas de unción para aquellos que están en ese oficio. En otras palabras, uno llamado a ser profeta podría ser más o menos ungido para estar en ese oficio.

La Biblia habla sobre medidas de unción.

JUAN 3:34

34 Porque el que Dios envió, [Jesús] **las palabras de Dios habla; pues Dios no da el Espíritu por MEDIDA.**

El Espíritu Santo fue dado a Jesús *sin* medida. El resto de nosotros en el Cuerpo de Cristo sólo tenemos el Espíritu Santo *por* medida o *en una* medida (Romanos 12:13).

Jesús también me dio Hebreos 2:4 y me habló acerca de los "dones" o *distribuciones* del Espíritu Santo.

HEBREOS 2:4
4 Testificando Dios juntamente con ellos, con señales y prodigios y diversos milagros y REPARTIMIENTOS DEL ESPÍRITU SANTO según su voluntad.

Por años yo pensé que "*repartimientos* del Espíritu Santo" en este versículo se refería a los nueve Dones del Espíritu mencionados en 1 Corintios 12.

1 CORINTIOS 12:4, 7
4 Ahora bien hay diversidad de Dones, pero el Espíritu es el mismo.

7 Pero a cada uno le es dada la MANIFESTACIÓN [o Don] **del Espíritu para provecho.**

Pero Hebreos 2:4 no podría estar refiriéndose a los dones espirituales. Dios ya había testificado con señales, con maravillas y con diversos milagros—lo cual se refiere a los dones espirituales.

Pero tome en cuenta la palabra "y" en Hebreos 2:4. Es una conjunción, y significa que algo más es añadido aparte de los dones espirituales. En otras palabras, Dios les dio testimonio a través de los dones espirituales *y* algo más.

En el margen de mi Biblia, la referencia para la palabra "dones" en Hebreos 2:4 dice: *"distribuciones"* del Espíritu Santo.

La palabra para "dones", usada en Primera de Corintios 12:4, 7, es "carisma", indicando un *don espiritual.*

Dones o *distribuciones* en Hebreos 2:4 se refiere a los cinco dones del ministerio listados en Efesios 4:8–11: apóstoles, profetas, evangelistas, pastores y maestros.

Por lo tanto, podemos leer este versículo: "Testificando Dios juntamente con ellos con señales y prodigios y diversos milagros Y *distribuciones* del Espíritu Santo".

El don o *distribución* del Espíritu Santo es la dotación o equipamiento divino sobre una persona que la capacita para estar en un oficio ministerial. Dios *distribuye* el Espíritu Santo a aquellos llamados como dones del ministerio, capacitándolos y equipándolos para cumplir esa función en el Cuerpo de Cristo.

Las distribuciones del Espíritu Santo no están sobre los laicos, porque los laicos no ocupan el oficio de un don del ministerio. El laico no tiene la distribución, la unción o el equipamiento divino del Espíritu Santo sobre él para estar en un oficio de los cinco dones del ministerio.

Note en Hebreos 2:4 que es "distribuciones" del Espíritu Santo. La palabra es plural porque existen medidas de unciones aún en estos diversos oficios. Esto es lo que Jesús me dijo. Una persona puede ser *más o menos* ungida para estar en un oficio del ministerio en particular.

Vayamos al Antiguo Testamento para más ampliamente demostrar que existen medidas de unción, porque la Biblia dice, *"... que en boca de dos o tres testigos conste toda palabra"* (Mateo 18:16).

Aún en el Antiguo Testamento, hubo profetas que tuvieron una mayor unción al estar en ese oficio. Por causa de una unción incrementada, el ministerio profético de algunos profetas del Antiguo Testamento fue más ampliamente conocido y se extendió más que el de otros.

Encontramos una referencia sobre *medidas de unción* en Segunda de Reyes capítulo 2. Dios le había dicho a Elías que unja a Eliseo para que sea Profeta en su lugar.

2 REYES 2:9
9 Cuando habían pasado Elías dijo a Eliseo, Pide lo que quieras que haga por ti, antes de que yo sea quitado de ti. Y dijo Eliseo, Te ruego que una DOBLE PORCIÓN de tu espíritu sea sobre mí.

Eliseo recibió una doble porción o una doble *medida de unción* para estar en el oficio del Profeta que la que tuvo Elías. Y si usted estudia las Escrituras, va a encontrar que las señales y maravillas en el ministerio de Eliseo fueron el doble de aquellas que operaron en el ministerio de Elías. Usted puede ver claramente que una persona puede ser más o menos ungida para estar en un oficio.

Si usted es llamado al ministerio a tiempo completo, va a tener que estar en su oficio y ministerio de acuerdo a la medida o distribución del Espíritu Santo dada a usted. Sin embargo, la unción en la vida de una persona puede ser incrementada por la fidelidad, consagración y diligencia en la Palabra de Dios y la oración.

Capítulo 6

¿Qué es un Profeta del Nuevo Testamento?

Un profeta es un *don del ministerio* dado por Dios a la Iglesia. Nadie se puede *hacer* a sí mismo un profeta o *llamarse* a sí mismo para ser un profeta. Solamente *Dios* llama y pone profetas en la Iglesia. Existe una unción para ese oficio y el equipamiento espiritual del Espíritu Santo que capacita a una persona para cumplir dicha función en el Cuerpo de Cristo.

Sin embargo, algunos se salen del curso doctrinalmente al pensar que la única función del Profeta es la de profetizar a la gente. Esa es tan sólo una parte pequeña de ese ministerio.

Lo Primero y lo Principal— Un Predicador o Maestro de la Palabra

Realmente, el propósito primario de un profeta y su principal ministerio es el de predicar o enseñar la Palabra, o ser maestro y predicador de la Palabra. Profetizar *no es* la tarea principal del ministerio del profeta.

Aún los profetas del Antiguo Testamento fueron primero predicadores. Ellos estaban constantemente predicando al pueblo y llamándolo al arrepentimiento, porque la mayor parte del tiempo los israelitas se apartaron de Dios y se salieron fuera de Su voluntad. Así que los profetas hablaron al pueblo de parte de Dios por inspiración profética.

Por supuesto, usted entiende que bajo el Nuevo Testamento los profetas no son los únicos predicadores o maestros de la Palabra. El principal ministerio de *cualquiera* de los dones del ministerio es predicar o enseñar.

Vemos esto en el ministerio de Jesús, quien operó en los cinco oficios ministeriales. Note para qué Jesús dijo que el Espíritu Santo le fue dado a Él: *"El Espíritu del Señor está sobre mi por cuanto me ha UNGIDO PARA DAR BUENAS NUEVAS..."* (Lucas 4:18). Una de las razones por las que Jesús fue ungido era para predicar.

MATEO 9:35
35 Recorría Jesús todas las ciudades y aldeas, ENSEÑANDO en las sinagogas de ellos y PREDICANDO el evangelio, y SANANDO toda enfermedad y toda dolencia en el pueblo.

Como profeta, el ministerio de Jesús consistió, primero en *enseñar*, segundo en *predicar*, y tercero *sanar*. Cualquiera que es llamando a uno de los cinco dones ministeriales—apóstol, profeta, evangelista, pastor, o maestro—es primero llamado a enseñar o predicar el Evangelio.

"Predicar" significa *proclamar* o *decir*. "enseñar" significa *exponer* o *explicar*. Por lo tanto, los dones del ministerio son predicadores o maestros porque ellos proclaman o explican el Evangelio en un aspecto u otro. Su función principal es *predicar* o *enseñar* la Palabra de Dios porque eso lleva a los santos a la madurez y los equipa para el servicio.

¿No se supone que el profeta debe profetizar? Sí, pero éste no es su principal ministerio. Estudie el ministerio profético de Jesús en los Evangelios. Por supuesto, vemos los dones espirituales operando a través de Él.

Por ejemplo, Él tuvo una palabra de conocimiento para la mujer en el pozo (Juan 4:18). Jesús usó la palabra de conocimiento para convencer a un pecador de la necesidad de un Salvador. Y vemos el don de hacer milagros (Juan 2:3–11), y los dones de sanidades en operación en Su ministerio (Marcos 5:25–34).

Como profeta, Jesús vio y supo cosas sobrenaturalmente (Lucas 5:22; Juan 1:47). Sin embargo, en Su ministerio profético, Jesús no anduvo por allí profetizando a cada uno que encontraba.

Pero la Biblia nos dice lo que Jesús hizo. El *"...recorría Jesús todas las ciudades y aldeas, ENSEÑANDO... Y PREDICANDO EL EVANGELIO DEL REINO..."* (Mateo 9:35).

Pablo también fue un profeta. Estudie su ministerio profético. Pablo fue un profeta fundacional porque él escribió una gran parte del Nuevo Testamento, el cual le fue revelado por el Espíritu Santo (Efesios 3:3). Pero aún como un profeta de ese rango, Pablo no iba profetizando a cualquiera con el que se encontrase.

Aunque Pablo fue un apóstol y un profeta, él se consideraba a sí mismo primero un predicador del Evangelio.

1 TIMOTEO 2:7
7 Para esto, yo fui constituido PREDICADOR y APÓSTOL (digo verdad en Cristo, no miento), y MAESTRO de los gentiles en fe y en verdad.

2 TIMOTEO 1:11
11 Del cual yo fui constituido PREDICADOR, APÓSTOL y MAESTRO de los gentiles.

En estos casos donde Pablo menciona su ministerio, él pone su ministerio de predicador primero.

Así que un profeta puede ser tanto un predicador o un maestro, o ambos, un predicador y un maestro del Evangelio. Algunas personas sólo operan en el ministerio de *predicación* del profeta; otros operan sólo en el Ministerio de *enseñanza* del Profeta y algunos operan en *ambos*, en el ministerio de predicación y enseñanza del profeta.

Pablo operó tanto en el ministerio de predicación como en el de enseñanza del profeta (1 Timoteo 2:7; 2 Timoteo 1:11).

Por otro lado, Juan el Bautista, por ejemplo, que también fue un profeta, operó en el ministerio de predicación del profeta (Mateo 3:1). Sabemos que Juan fue un profeta porque Jesús lo llamó profeta: *"...entre los nacidos de mujer, no hay mayor profeta que Juan el Bautista..."* (Lucas 7:28).

Como profeta, Juan predicó arrepentimiento, hablando por inspiración del Espíritu Santo. Dondequiera que él fue, proclamó el mensaje de Dios al pueblo para que se arrepintiese y regrese a Dios (Mateo 3:2). El arrepentimiento fue su mensaje profético al pueblo.

El profeta no sólo *predica* la Palabra bajo la inspiración del Espíritu Santo, sino que él también puede *enseñar* la Palabra por inspiración.

Muchas veces la gente me dice, "cuando usted enseña, parece que hay una diferente unción junto con la unción para enseñar". Esto es porque muchas veces enseño inspiracionalmente por la unción profética. El que es estrictamente un maestro enseña con la unción del maestro para explicar e instruir a la gente por precepto y ejemplo, y ésta es la única unción que él tiene.

Un profeta difiere de un maestro en que el maestro habla desde un punto de vista lógico para explicar, enseñar y exponer la Palabra. A veces, el profeta no es tan lógico, aún desde un punto de vista mental.

Al hablar bajo la inspiración del momento, la expresión que el profeta da apela al *espíritu* del hombre. Y algunas veces sus mensajes dados por inspiración al fluir en ese momento puede ser que no encajen con el resto de su mensaje.

Por supuesto, el profeta también tiene dones del Espíritu que operan a través de él y lo equipan para estar en ese oficio.

Y sabemos por el ministerio de Pablo que una persona puede estar en más de un oficio, según sea llamado y equipado por Dios. Pablo estuvo en los oficios del apóstol, profeta, y maestro.

Pero el punto al cual quiero llegar es que el enseñar y predicar la Palabra es la mayor parte del ministerio de un profeta, y no el dar mensajes personales.

Usted puede ver dónde es que algunos sujetos han fallado hoy en día. Mucha gente tiene extrañas nociones sobre lo que es un profeta del Nuevo Testamento. Ellos construyen castillos espirituales en el aire o falsas ideas acerca de lo que ellos piensan que un profeta *debería ser*, lo cual no tiene ninguna base en la Escritura.

Muchos piensan que el profeta debería ir por allí dando mensajes personales todo el tiempo, guiando y dirigiendo a la gente a través de su oficio. Muchos hacen esto y se llaman a sí mismos profetas. Tenemos brotes de esto muy frecuentemente en el Cuerpo de Cristo; esto no es nada nuevo.

Por ejemplo, años atrás supe acerca de un número de parejas que se casaron porque alguien, llamándose profeta, les profetizó diciéndoles que deberían casarse. Cada uno de estos matrimonios falló porque ellos miraron al tal llamado profeta para que los guíe, en vez de apoyarse en el Espíritu Santo que ya residía dentro de ellos. No se case con alguien sólo porque alguien que se hace llamar profeta se lo profetiza.

Por ejemplo, 40 años atrás un hombre que conocí se casó con una mujer porque alguien le profetizó que debía hacerlo. No era la voluntad de Dios y esto lo sacó del camino de Dios. El ha estado fuera del ministerio todos estos años y recientemente regresó al ministerio que Dios tenía para él todos esos años. La gente está en peligro cuando va por allí tratando de regular la vida de otras personas a través del oficio del profeta.

Recuerdo un sujeto que conocí muchos años atrás que tenía un llamado al oficio del profeta. Pero él cayó en error porque pensó que debía profetizar todo el tiempo; ¡él puso el profetizar antes que la Palabra! Él tenía un mensaje prácticamente para cualquiera con el que se cruzaba. Incluso paraba a la gente en la calle para darles una "palabra" de Dios.

¡Y él no tenía un mensaje de Dios para todas esas personas! Yo traté de ayudarlo y le hablé acerca de la operación bíblica del oficio profético, pero él no me escuchó.

Dios lo había usado poderosamente durante el tiempo en que él estuvo caminando a la luz de la Palabra. Uno de los miembros de mi propia junta me dijo cómo Dios había usado a este profeta en su propia vida.

Este miembro de la junta estuvo en una reunión de este profeta y me dijo, "Ése hombre no sabía nada sobre mí, pero repentinamente en medio de su sermón él se detuvo y me señaló y dijo, 'ven aquí'. Luego me dijo exactamente lo que estaba mal físicamente en mí, me impuso manos y fui instantáneamente sanado".

Dios usó grandemente a este profeta en esa área. Más adelante tuve la oportunidad de conocerlo porque ambos estábamos quedándonos en la casa de este miembro de mi junta por un corto tiempo. Cada pocos minutos este "profeta" me profetizaba. ¡Él había estado en la casa veinte minutos y ya me había profetizado diecinueve veces! No le presté ninguna atención. Ninguna palabra que habló fue cierta.

Yo le dije, "Tú has distorsionado el oficio del profeta. No es lo que tú piensas que es. El profeta no solamente va por allí dando profecías personales a cada uno. Él primero y principalmente es un predicador o un maestro de la Palabra de Dios".

Pero él no me escuchó. ¡Incluso trató de dar mensajes personales a cada miembro de las iglesias en las que predicaba! Él hizo eso aún cuando el Espíritu Santo no se estaba manifestando a Sí Mismo a través de la profecía. En otras palabras, lo hizo en la carne, y espíritus malos comenzaron a operar y hablar a través de él.

Al alejarse más y más de Dios el ministerio de este hombre, él empezó a profetizar para que dinero salga de los bolsillos de la gente hacia los suyos. Tenga cuidado de aquellos ministros que siempre están hablando de dinero.

Cuando alguien llamado profeta comienza a profetizar acerca del dinero ¡tenga cuidado! Ellos no lo están haciendo por el Espíritu de Dios. Tarde o temprano se meterán en problemas porque eso no es bíblico. Usted no puede encontrar eso en la Biblia.

Este hombre estaba equivocado en cuanto a la verdadera función del oficio del profeta. Al tergiversar y hacer mal uso del oficio del profeta, quedó espiritualmente en bancarrota. Finalmente murió a una temprana edad. Es una lástima, porque él pudo haber sido una gran bendición al Cuerpo de Cristo.

Podemos ver por qué es tan importante prestar atención a lo que Jesús me dijo en la visión: "Un profeta es antes que nada un predicador o un maestro. Su principal ministerio es predicar o enseñar la Palabra. Profetizar no es su principal ministerio".

Un profeta que basa su ministerio en profecías personales en vez de predicar o enseñar la Palabra caerá en error y causará estragos en el Cuerpo de Cristo.

Los Profetas Hablan por la Inspiración del Momento

Uno de los elementos del ministerio del profeta es *hablar divinamente inspirado* o hablar bajo la unción y el poder del Espíritu Santo en la inspiración del momento. Eso es cierto tanto para los profetas del Antiguo Testamento como para los profetas del Nuevo Testamento.

En realidad, la predicación puede llevar un elemento de profecía si es por la inspiración del Espíritu Santo. La *profecía* es una expresión inspirada en una *lengua conocida*. La *predicación* puede ser también una expresión inspirada en una *lengua conocida*. Sin embargo, no toda la predicación es profetizar.

El profeta usualmente habla por inspiración. En este sentido, su predicación puede ser profetizar en su forma más simple—una expresión inspirada para edificar, exhortar y consolar (1 Corintios 14:3).

El profeta se prepara a sí mismo, pero no como los otros dones del ministerio se preparan a sí mismos. Sí, él se prepara a sí mismo en la Palabra. Pero se prepara a sí mismo más orando y buscando a Dios.

En realidad, es una preparación del *corazón* porque el profeta tiene que profetizar de acuerdo a la medida de su fe (Romanos 12:6). Por lo tanto, su fe tiene que mantenerse fuerte pasando mucho tiempo con el Señor y en Su Palabra. Entonces él habla más por inspiración, bajo la unción profética, y no por algo que él necesariamente sabe mentalmente.

Algunos evangelistas están realmente operando en una medida en el oficio del profeta cuando su predicación es por inspiración y dada a él al fluir en ese momento. "Profetizar" significa *hablar por otro*, y los evangelistas frecuentemente hablan de parte de Dios bajo la inspiración del Espíritu Santo.

Por otro lado, mucha gente a la que llamamos evangelistas en realidad son *exhortadores*. Los exhortadores tienen el don de exhortar a la gente para que sea salva y para que camine con Dios. Romanos 12:8 menciona el exhortar como un ministerio, pero no es un don del ministerio.

Los verdaderos *evangelistas* del Nuevo Testamento tienen milagros y dones de sanidades operando en su ministerio (1 Corintios 12:28). Podemos tomar nuestro patrón de un evangelista del Nuevo Testamento de Felipe el evangelista. Milagros y sanidades operaron en su ministerio (Hechos 8:5–13).

Sin embargo, aunque el evangelista puede operar en una medida en el oficio Profético si predica por la inspiración del Espíritu Santo, el ministerio del profeta difiere significativamente del ministerio del evangelista.

Primero, el evangelista sabe qué es lo que va a predicar. Él predica a Cristo y a Él crucificado. El evangelista trae el mensaje de salvación y se queda con ese mensaje. El maestro usualmente sabe qué es lo que va a enseñar también, y se queda con su mensaje.

Pero el profeta puede que no sepa *cuál* es su tema hasta que se levante a hablar. También el profeta tiene otros dones de revelación del Espíritu operando en su ministerio en una más consistente base, a diferencia del evangelista y del maestro.

Los otros dones del ministerio, como el pastor o el maestro, también pueden hablar por revelación en un repentino impulso del momento. Pero el hablar por revelación del momento con poca o sin premeditación ocurre más consistentemente y con mayor frecuencia con el profeta. Él habla desde la luz de una repentina revelación del momento. Sin embargo, su tema siempre es la Palabra de Dios.

Por supuesto, aún el laico puede hablar bajo la inspiración del Espíritu Santo porque Pablo dijo, *"...Podéis profetizar todos, uno por uno..."* (1 Corintios 14:31). Pablo evidentemente se estaba refiriendo a una reunión de creyentes en este pasaje, donde todos los creyentes participaban y tenían salmos, himnos y cánticos espirituales (Efesios 5:19; Colosenses 3:16) por el simple don de profecía.

Los laicos pueden hablar bajo inspiración por el simple don de profecía, que es una expresión inspirada para edificación, exhortación y consolación (1 Corintios 14:3). Pero el hablar por el simple don de profecía no los hace profetas. Pablo hizo la pregunta, *"¿... son todos profetas?"* (1 Corintios 12:29). Por supuesto, *no* todos son profetas.

He visto cosas maravillosas ocurrir en reuniones de creyentes en las Iglesias que pastoreé, mientras los creyentes hablaban por el simple don de profecía. Algunas de estas personas no tenían mayor educación; algunas ni siquiera sabían leer o escribir y ni siquiera hablar elocuentemente.

Pero cuando el Espíritu Santo venía sobre ellos, palabras de inspiración se derramaban de sus bocas. Nosotros simplemente nos sentábamos y llorábamos al escuchar al Espíritu Santo hablar a través de ellos. Esto fue de gran bendición a la congregación.

Sin embargo, su expresión inspirada era el simple don de profecía en operación. El profeta por otro lado, puede hablar por inspiración en el simple don de profecía, o los dones de revelación del Espíritu podrían estar también en operación en su hablar inspiracional.

Yo conocí en tiempos pasados a ministros en el Movimiento Pentecostal que predicaban y enseñaban la Palabra por inspiración. En otras palabras, ellos predicaban y enseñaban más desde el oficio del profeta por expresión inspirada que de extensas notas. Ellos estudiaban la Palabra y esperaban delante de Dios en oración, pero muy rara vez preparaban un mensaje.

Ellos predicaban y enseñaban la Palabra mayormente por inspiración. Algunas veces ellos nio sabían lo que iban a decir cuando se levantaban para hablar, pero el Espíritu Santo se los daba en el fluir del momento.

El ministerio de Smith Wigglesworth fue un dramático ejemplo de uno que habló bajo inspiración divina. Yo nunca conocí a Wigglesworth personalmente, pero tuve la oportunidad de escuchar a Donald Gee hablar sobre el ministerio de Wigglesworth en una reunión de ministros a la que asistí.

Donald Gee dijo, "Siempre tuvimos a Wigglesworth para que hablara cada año en nuestra Conferencia General porque queríamos que nuestros jóvenes predicadores viesen su ministerio profético en operación".

"Wigglesworth no tenía una educación formal, así que cuando empezaba a predicar, se equivocaba al hablar y era usualmente difícil de entender. Pero cuando el Espíritu de Dios venía sobre él, se volvía en una persona diferente. Empezaba a predicar proféticamente—palabras inspiradas simplemente fluían fuera de su boca".

Las Asambleas de Dios quería que sus jóvenes predicadores vieran aquel ministerio profético en operación. Es interesante que Wigglesworth nunca se llamó a sí mismo un apóstol o un profeta. Y no hay ninguna duda de que él operó en ambos oficios debido a que las características de ambos oficios fueron evidentes en su ministerio.

Yo comencé a predicar como un ministro bautista, y siempre prediqué usando mis notas. Cuando me junté con predicadores pentecostales, en aquellos días muy pocos de ellos predicaban usando notas. La mayoría de ellos eran más predicadores inspiracionales. Era sorprendente cómo Dios los usaba al ellos predicar por la inspiración del Espíritu Santo.

Estos predicadores pentecostales estaban operando en el oficio del profeta en una medida al predicar por inspiración. Por supuesto que ellos se preparaban antes. Ellos estudiaban la Palabra y esperaban delante de Dios en oración, pero algunas veces no sabían cuál sería su mensaje hasta que se levantaban a hablar. Dios se los daba en el fluir del momento por inspiración del Espíritu Santo.

Muchos años atrás, el Señor me habló acerca de esto, particularmente acerca de las reuniones que yo sostenía por las noches. En los servicios de día yo siempre enseñaba. La enseñanza es más lógica y sigue un patrón. Es más línea sobre línea, precepto sobre precepto.

Pero el Señor me dijo, "No prepares un sermón para los servicios de la noche. Tan sólo pasa tu tiempo orando y esperando delante de Mí en oración y meditación de la Palabra, y Yo voy a sacar de tu espíritu lo que sea que la congregación necesite. No te preocupes si no tienes un mensaje antes. Yo te lo daré cuando te levantes para hablar".

Así que empecé a hacer eso. Cuando me levantaba para dar mi mensaje, yo predicaba o enseñaba por inspiración. Algunas veces yo no sé cuál es mi mensaje hasta que me levanto a hablar. Ese es el oficio del profeta en demostración. Por ejemplo, algunas veces hago que los cantantes canten un poco más hasta que tenga claramente en mi espíritu la dirección en la que el Espíritu Santo quiere que yo vaya.

Por supuesto, hay aquellos que van a tomar esto y caerán en una zanja junto al camino. Van a pensar que estoy diciendo, "Tú no necesitas prepararte; Dios te va a dar el mensaje". ¡No estoy diciendo esto en lo absoluto!

Un profeta no puede levantarse a predicar o enseñar por inspiración a menos que haya pasado mucho tiempo en preparación delante del Señor. Dios no puede sacar la Palabra *fuera de* su espíritu si el profeta no ha pasado tiempo poniendo la Palabra *en* su espíritu.

El Oficio Profético en Demostración al Predicar y Enseñar

Como dije, muchos han malentendido el oficio del profeta porque esperan que el profeta siempre esté profetizando a la gente. Esta una menor parte del ministerio del profeta.

En realidad, el ministerio del profeta está operando muchas veces y los hermanos no lo reconocen. Usualmente está en manifestación mientras predica y enseña proféticamente a las necesidades de las personas en sus mensajes. El Espíritu Santo lo dirige en lo que tiene que decir, y es exactamente lo que la gente necesita oír.

Por ejemplo, algunas veces cuando predico digo espontáneamente cosas que no sabía que iba a decir, pero estoy ministrando a la gente proféticamente en mi mensaje. El ministerio del profeta está en operación, pero la gente no se da cuenta porque está esperando lo *espectacular* y pierde lo *sobrenatural.*

Un profeta puede ministrar proféticamente a las necesidades de la gente en sus mensajes porque él es más sensible a las cosas espirituales y a las necesidades espirituales de la congregación. De esta manera, él es más sensible que el evangelista o el maestro a las necesidades espirituales de las personas en ese momento. Él sabe lo que el Espíritu Santo quiere decir y hacer en medio de la gente.

Por ejemplo, una vez estuve predicando en cierto lugar, y en medio de mi mensaje, salté fuera de la plataforma predicando. Me paré justo en frente de cierta pareja, que después me enteré que eran predicadores. Empecé a enseñar por inspiración del Espíritu Santo lo que la Biblia dice acerca de la relación matrimonial.

Yo no sabía por qué me había alejado de mi sermón y había empezado a predicar sobre este otro tema. Pero después hallé que la esposa de este pastor había empezado a pensar que era demasiado espiritual como para tener relaciones sexuales con su esposo.

No había forma de que yo supiese algo sobre esta pareja. Pero predicar de esa manera bajo la inspiración del Espíritu Santo fue realmente la demostración del ministerio del profeta.

Es aquí donde algunas personas dicen, "¡Yo pensaba que el hermano Hagin era un profeta, pero todo lo que hace es predicar y enseñar!" ¡Ellos no entienden el ministerio profético en operación! Éste fue un ejemplo del ministerio profético en operación, enseñando la Palabra por expresión inspirada del Espíritu Santo.

Un Profeta podría aún hacer y expresar ciertas cosas inspirado por el Espíritu Santo. Es Dios obrando a través de él en aquel oficio para ministrar sobrenaturalmente a la gente.

Por ejemplo, hace algunos años sostuve una reunión en cierta Iglesia en Texas. El pastor me dijo, "Me reuní con la junta y les dije, 'la ofrenda del lunes por la noche va a ser para cubrir todos nuestros gastos. Todas las demás noches la ofrenda va a ser para el hermano Hagin'. Y la junta estuvo de acuerdo con eso".

Una noche durante esas reuniones mientras predicaba, repentinamente corrí hacia abajo de la plataforma y me senté junto a un hombre. Puse mi brazo alrededor de él y le dije "Alguien está tratando de robar mi ofrenda. Cierto miembro de la junta convocó una reunión y dijo, 'el predicador invitado está recibiendo demasiado dinero. Quedémonos con la mitad de todo'. Un hombre que se comporta así es un ladrón. Él también podría asaltar una estación de gasolina de regreso a casa".

En ese momento, yo no sabía por qué estaba haciendo o diciendo eso. Era el oficio del profeta en demostración. Pero sí me di cuenta que el sujeto se puso de todo color excepto blanco. Después de haber hecho esto, regresé a la plataforma y seguí con mi mensaje justo donde lo había dejado.

Después del servicio, el pastor me dijo, "hermano Hagin, el hombre al que le dijiste eso era el miembro de la junta que convocó la reunión y dijo, 'el hermano Hagin está obteniendo demasiado dinero. Quedémonos con la mitad de él'".

Como puede ver, el ministerio del profeta estuvo en operación, pero la gente ni se dió cuenta. En lo natural, yo no sabía que eso había ocurrido, o lo que el hombre había dicho en dicha reunión. Ésa fue una palabra de conocimiento operando en el oficio del profeta. Yo no tenía ni idea que iba a decir y hacer aquello; sucedió por inspiración del Espíritu Santo.

Cosas similares a éstas pueden ocurrir ocasionalmente con otros dones del ministerio, pero tomarán lugar más consistentemente en el oficio del profeta.

El Rol de la Música en el Oficio Profético

La música inspirada por el Espíritu Santo puede frecuentemente enriquecer la unción profética. En el Antiguo Testamento, la música jugó una parte crucial en el ministerio del profeta (2 Reyes 3:15). Cuando el tañedor tocaba, la mano del Señor se movía sobre el profeta. La mano del Señor es el Espíritu Santo.

La música puede algunas veces enriquecer la unción que viene sobre el Profeta para ministrar proféticamente. Por otro lado, si no tiene la música correcta, puede suceder lo contrario. Cierta música es más espiritualmente inspiradora que otra.

Muchas veces cuando el Espíritu de Dios se está moviendo poderosamente sobre mí, no necesito que la música me inspire espiritualmente. Simplemente me levanto y comienzo a "profetizar"—predicando o enseñando por expresión inspirada.

Pero algunas veces cuando el Espíritu Santo se está moviendo poderosamente, y alguien canta o toca la música incorrecta, esto puede causar que la unción del Espíritu Santo decline. Por otro lado, si la música es espiritualmente inspiradora, ésta puede incrementar la unción.

Por ejemplo, una vez yo estaba teniendo una reunión en cierta Iglesia, y durante la ofrenda la orquesta tocó una canción particularmente ungida. El Espíritu de Dios vino sobre mí, y cuando me levanté a predicar, yo estaba en el Espíritu. La unción profética vino sobre mí para profetizar, y ministré en el Espíritu por dos horas.

Bajo aquella fuerte unción, yo pude ver dentro del ámbito del Espíritu. Ministré proféticamente a muchos predicadores. A través de la Palabra de conocimiento, oí en el Espíritu algo que un predicador en la audiencia había dicho a alguien más días antes. Entonces bajo la unción del Espíritu Santo, fui capaz de ministrar sobrenaturalmente a aquel predicador.

¿Por qué yo no ministro proféticamente de esa manera en cada servicio? Porque sólo puedo ministrar de esa forma como el Espíritu quiere. Yo no estoy haciendo las cosas; no soy la Cabeza de la Iglesia. Y no voy a fabricar algo.

Si el Espíritu Santo no se mueve de esa manera, no hay nada que yo pueda hacer para que esto ocurra. ¡Es así como la gente se mete en el ocultismo! *Ellos* tratan de hacer que algo ocurra cuando el Espíritu Santo no se está moviendo por los dones del Espíritu.

No es necesario tener un mover sobrenatural del Espíritu Santo a través de los dones del Espíritu en cada servicio. Si esto fuese necesario, el Espíritu Santo se demostraría a Sí Mismo de esa manera debido a que Él es El que está a cargo y Quien dirige el mover del poder de Dios.

Pero un Profeta puede salirse espiritualmente de curso si piensa que Dios se va a mover por los Dones del Espíritu en cada servicio. Puede que el Espíritu Santo lo haga o no; depende de Él, no del hombre.

El Profeta del Nuevo Testamento es un Vidente

Otro elemento del ministerio profético es que un profeta es un vidente. Un *vidente* es uno que ve en el ámbito del espíritu a través del Don de discernimiento de espíritus. Como puede ver, una visión es una manifestación del Don de discernimiento de espíritus en operación.

El don de discernimiento de espíritus puede también estar acompañado por una palabra de sabiduría o una palabra de conocimiento. Pero la visión misma es el discernimiento de espíritus en operación porque permite al profeta *ver* y *oír* en el ámbito del espíritu.

Muchos profetas en el Antiguo Testamento y el Nuevo Testamento fueron videntes. Ellos tuvieron los dones de revelación del Espíritu operando en sus ministerios en una base más consistente.

Los dones de revelación que califican a un profeta para estar en ese oficio son la palabra de conocimiento y/o la palabra de sabiduría y el don de discernimiento de espíritus, más la profecía.

La profecía es necesaria porque es la expresión inspirada que permite al profeta hablar lo que el Señor le ha dado. Yo no inventé esto. Jesús me lo dijo cuando se me apareció en 1959 y me habló acerca del oficio del profeta. (Para un estudio adicional revise *Los Dones del Ministerio* y *El Espíritu Santo y sus Dones* del Rvdo. Kenneth E. Hagin).

Cualquiera podría tener una palabra de conocimiento, una palabra de sabiduría, o discernimiento de espíritus operando en su vida ocasionalmente. Pero el profeta tiene los dones de revelación operando en su vida en una más consistente base.

Déjeme darle un ejemplo acerca de ver y oír en el ámbito del espíritu y de conocer cosas sobrenaturalmente por el oficio del profeta. Yo estaba predicando en una reunión y de repente vi en el ámbito del espíritu. Lo que vi tenía que ver con un hombre en la congregación. Señalé a aquel hombre y le dije, "si me equivoco, tan sólo dígame 'se equivocó' ".

"Usted es un pastor", le dije. "yo lo vi parado hace tres días mirando por la ventana de su oficina. Tres cosas le estaban molestando. Una de ellas fue las finanzas de su Iglesia. Otra fue que usted quería dejar la Iglesia. Y el tercer problema fue un asunto doméstico".

Él me dijo, "está exactamente en lo correcto".

Luego tan sólo le dije por el Espíritu lo que el Señor dijo acerca de cada problema y cómo Dios iba a resolver cada uno.

Ahora quiero que vea algo aquí. Ésta ciertamente fue una revelación, ¿no es así? Aquella fue una demostración de la palabra de conocimiento operando en conjunción con el Don del discernimiento de espíritus en el oficio del Profeta.

Pero aunque fue una revelación, no tenía nada que ver en cuanto a añadir fundamento doctrinal al Nuevo Testamento. Los profetas en nuestros días pueden tener revelación, pero ésta no se le *añade* al fundamento doctrinal de la Biblia. Tan sólo edificará sobre el fundamento que ya fue puesto.

Así que un verdadero profeta del Nuevo Testamento es primero y antes que nada un predicador y maestro de la Palabra. Segundo, él predica o enseña por inspiración divina. Tercero, él tiene los dones de revelación más la profecía operando consistentemente en su vida y ministerio. Cuarto, él es un vidente; él ve en el ámbito del espíritu según el Espíritu quiere. Estos requisitos Bíblicos constituyen el oficio del profeta del Nuevo Testamento.

Capítulo 7

Los Profetas no Están para Guiar y Dirigir a los Creyentes del Nuevo Testamento

Como dije, en la visión de 1959 Jesús enfatizó el rol del profeta bajo el Nuevo Testamento al explicar, "Bajo el Nuevo Testamento, Yo no he puesto profetas en la Iglesia para *guiar* o *dirigir* la vida de personas".

Usted puede ver cómo los creyentes pueden causar muchos estragos en sus vidas buscando que un profeta los guíe y les dé dirección, debido a que nosotros debemos ser guiados por el Espíritu de Dios (Romanos 8:14), y no por profetas.

Dirigir la Vida de Otros es Adivinación

Yo conozco gente exitosa que cayó en bancarrota en sus negocios debido a que siguieron el consejo de alguien que se llamaba "profeta". Algunas de estas personas eran muy exitosas y tenían millones de dólares y hermosas mansiones suntuosas. Pero ellos perdieron todo al seguir la guía de alguien llamado "profeta".

Por ejemplo, yo estaba predicando en cierto estado, y un adinerado hombre de negocios vino a una de mis reuniones. Yo lo había conocido antes y sabía que era rico, pero no sabía nada más acerca de él. Pero en el instante que entró en la reunión, el Señor me habló acerca de él. Dirigido por el Señor, le dije luego lo que el Señor me había dicho.

Este hombre era dueño de una mansión y de muchos autos lujosos y era muy exitoso en los negocios, tenía una fortuna de varios millones de dólares. Él tenía sirvientes, un avión privado, y sus hijos conducían automóviles nuevos y caros. Pero luego, antes de hacer cualquier trato de negocios, él empezó a buscar dirección y consejo de una mujer llamada profetisa. El Señor me dijo que iba a perder todo lo que tenía si seguía escuchándola.

En realidad, los que tratan de dirigir la vida de otros a través del oficio del profeta no son más que adivinos. Mucha gente no tiene el suficiente sentido común para saber esto. Esta mujer trataba de guiar los negocios de este hombre a través de "dones espirituales". Pero no fue el Espíritu Santo el que estaba en operación a través de ella; ella no era más que una adivina.

En Primera de Tesalonicenses 5:20–21 la Biblia dice, "*no menospreciéis la profecías. Examinadlo todo; retened lo bueno*". No debemos menospreciar las profecías. Pero por otro lado, tampoco debemos creer todo lo que alguien nos profetiza. La Biblia dice que *examinemos* todas las cosas para ver si son de Dios.

El consejo de esta mujer obviamente no era de Dios. Los creyentes que tratan de inquirir la guía o la dirección de Dios en sus vidas a través de un profeta están en terreno peligroso. ¡Este hombre de negocios debió tener el suficiente *sentido común* como para saber, que cuando cada uno de sus negocios falló por el consejo de esta "profetisa", su consejo no era bueno!

Además, ¡un hombre de negocios debe tener algo de *sentido en los negocios*! Y si él necesita dirección en los negocios, debería buscar el consejo de *Dios* primero. Después, si es que lo necesita, él podría consultar con otros que tienen experiencia en los negocios.

Yo le dije a este hombre de negocios lo que el Señor me dijo que le dijera —que iba perder todo si no dejaba de escuchar a esa mujer que decía ser una profetisa. Pero algunas personas sólo escuchan lo que quieren escuchar. Él le dijo a alguien que yo estaba de acuerdo con lo que él estaba haciendo. Así que él continuó inquiriendo a través de la tal llamada profetisa hasta que perdió todo lo que tenía y se fue a la bancarrota.

Ese hombre de negocios estaba tan engañado, que no hacía ningún movimiento en su negocio sin llamar a esta mujer. Algunos de estos falsos profetas y profetisas se aprovechan de la gente para sacarles su dinero. Y no son más profetas o profetisas de lo que yo soy un astronauta. Pero que algunas personas se metan en el error no anula el legítimo ministerio del profeta.

El verdadero Profeta no trata de controlar la vida de las personas a través de ese oficio. Un profeta necesita ser muy cuidadoso en el área de la profecía personal. Ésta es la razón por la cual cuando estoy ministrando a la gente a través del oficio profético, muchas veces les digo, "¿Significa esto algo para ti? ¿Confirma esto lo que ya tenías en tu corazón? Si esto no da testimonio a tu propio espíritu, no le prestes la mínima atención".

Profetas que se Ceden a Espíritus de Adivinación

Debido a que los profetas no fueron puestos en la Iglesia para dirigir y guiar la vida de las personas, se saldrían espiritualmente de curso si trataran de hacerlo. Ellos se estarían cediendo a poderes ocultos y espíritus de adivinación.

Por ejemplo, yo estaba teniendo una reunión en cierta ciudad y me estaba quedando en la casa de un adinerado hombre de negocios que era miembro de la Iglesia donde yo estaba ministrando. Este hombre era dueño de un centro comercial y era extremadamente exitoso en los negocios.

Este hombre me preguntó, "Hermano Hagin, ¿conoce usted a fulano de tal?" Y mencionó a cierto ministro.

Yo no conocía a aquel hombre personalmente, pero sabía algo acerca de él. Yo estaba convencido de que el ministro del que se estaba hablando había sido llamado por Dios y que en cierto tiempo caminó rectamente delante del Señor en su ministerio. Pero después él comenzó a cederse a malos espíritus.

Este hombre de negocios dijo, "nuestra Iglesia apoyó a este ministerio en una reunión aquí en la ciudad. Casi todos los días este ministro venía a mi oficina y conversábamos o salíamos a almorzar".

"Yo tenía una reliquia familiar—un anillo de diamantes de 7 quilates—que heredé de mi padre, y que muy rara vez usaba. Lo tenía envuelto en un pañuelo en el rincón derecho del ropero de mi dormitorio".

"Un día, cuando este ministro vino a mi oficina, se volvió a mí y me dijo, 'tú tienes un anillo de diamantes de 7 quilates que heredaste de tu padre. Está envuelto en un pañuelo en la esquina derecha del tercer cajón de tu ropero. Dios dijo que me lo des'".

Éste es conocimiento sobrenatural, ¿no es así? No solamente es conocimiento sobrenatural, es conocimiento *espectacular*. Pero, recuerde que el diablo opera también en el ámbito sobrenatural. Debe tener cuidado de aquellas personas que profetizan que anillos salgan de sus dedos y dinero salga de sus bolsillos hacia los bolsillos de ellos. No tenga nada que ver con personas así.

El hombre de negocios me dijo, "¿Cómo supo ese ministro acerca del anillo? Yo nunca le hablé a nadie acerca de él. Ningún ser humano sabía acerca de esa reliquia familiar, sólo yo y mi esposa. Obviamente pensé, *esto debe ser de Dios*. Así que me fui a casa, lo tomé y se lo entregué.

"Como una semana después, el ministro vino a mi oficina y alguien se le cruzó e hizo que se enojase, y comenzó a hablar palabrotas. El ministro dio fin a las reuniones y se fue de la ciudad. Poco tiempo después de que se fue, dos jóvenes vinieron a mí y me dijeron, 'Mientras ese hombre estuvo aquí, nos quiso meter en la homosexualidad'".

Este hombre de negocios me dijo, "Yo me dije a mí mismo, *¡Señor, me equivoqué! ¡Ése hombre ni siquiera está caminando con Dios! ¡Ése hombre está en pecado! ¡Y ahora tiene mi anillo de diamantes!"*.

Poco tiempo después de este incidente, yo estaba teniendo reuniones con un pastor y este mismo ministro vino a visitar su Iglesia. Este ministro había sido usado en dones espirituales y en una época tuvo un maravilloso ministerio de sanidad. Incluso los doctores confirmaron las sanidades sobrenaturales y estaban sorprendidos de ellas.

Pero como puede ver, si un ministro no es cuidadoso, puede caer en orgullo cuando Dios lo usa, y puede alejarse de Dios y meterse en pecado. O puede enfocarse en el dinero y perder la unción de Dios.

De todos modos, este pastor invitó a este ministro a la plataforma para que dijese algunas palabras a la congregación. Yo estaba sentado detrás del ministro en la plataforma mientras él se dirigía a la congregación. Como si alguien me estuviese hablando por detrás, yo escuché al Espíritu Santo decir, "Poderes ocultos, espíritus de adivinación". Esto es lo que estaba operando a través de él, ¡y fue así cómo él supo acerca de ese anillo de diamantes del hombre de negocios!

Por ese mismo tiempo, un ministro amigo mío me llamó y me dijo, "Aquel ministro está predicando en la ciudad. Les está diciendo a todos que es un profeta. Después de la reunión yo lo confronté y le pregunté, 'Cuando oye cosas en el ámbito espiritual, ¿cómo sabe que está escuchando la voz correcta?'"

"Este ministro respondió, 'bueno yo no sé, tan solamente confío en Dios que la voz que me está hablando es Dios'".

¡Eso no solamente es inmadurez espiritual, sino que es peligroso! ¡Un profeta debería conocer la Voz de Dios!

Después, mi amigo ministro le preguntó, "¿Cuán seguido es esa voz exacta? ¿Todo el tiempo?"

Él respondió, "Bueno, quizás el 80% del tiempo está en lo correcto".

¡Gente así tan solamente está jugando a la Iglesia! Ellos están jugando con cosas sagradas. Y tenemos mucho de esto sucediendo hoy en día.

Hay esperanza para todos nosotros si nos corregimos, pero este sujeto eventualmente terminó en la basura espiritual. Dios tuvo que desechar su ministerio porque él no se corrigió a sí mismo.

Como puede ver, cuando el Espíritu Santo no estaba moviéndose con los dones espirituales, éste ministro intento operar en ellos por sí mismo para dirigir la vida de las personas. Y como eso no es bíblico, se abrió a sí mismo al diablo y comenzó a escuchar a espíritus de adivinación.

Los espíritus de adivinación son espíritus malos que conocen a la gente. Ellos conocen hechos acerca de personas, incluyendo creyentes, y esos hechos usualmente son correctos. Ellos conocen los nombres de las personas y sus direcciones y varias cosas acerca de ellas, y pueden decir lo que saben a aquellos que se quieran ceder a ellos.

Por supuesto, los espíritus de adivinación no son omniscientes—no poseen todo el conocimiento, así que ellos no saben *todo* acerca de las personas. Solamente Dios sabe todo. Pero los espíritus de adivinación saben algo acerca de ellas. Por ejemplo, ellos podrían saber cuánto dinero tiene alguien en su billetera, o lo que tiene en su bolsillo.

El Espíritu Santo también sabe estas cosas, y Él podría revelarlas a través de los dones del Espíritu si es que Él lo quisiese, pero, ¿por qué haría eso? ¿Cuál sería el propósito de saber lo que cada persona tiene en su bolsillo?

¿Cómo glorificaría eso a Dios? No, ésta típicamente es la obra de los espíritus de adivinación.

El Espíritu Santo revela cosas que glorifican a Dios. Por ejemplo, ¡Él podría revelar la enfermedad que una persona tiene y sanar a esa persona! Esto glorificaría a Dios.

Pero este ministro llamaba a la gente al frente, y les decía su nombre y su dirección. Después, les decía "te diré exactamente lo que tienes en tu bolsillo. Tienes un lapicero y un paquete de cigarrillos", y luego le decía a la congregación la marca de los cigarrillos.

Pero ese no era el Espíritu de Dios en operación. ¡Él no ministró a la persona para que fuese liberada de fumar cigarrillos por el poder del Espíritu Santo! Él simplemente atraía la atención a sí mismo al demostrar conocimiento sobrenatural espectacular.

Dios sabe todas esas cosas también, y Él *podría* moverse a través de un Profeta así. Pero Él no Se manifiesta a Sí Mismo usualmente de esa manera, a menos que esto sirva para un propósito definido para ayudar a alguien, y esto sí da gloria a Dios.

Pero usualmente cuando los espíritus de adivinación operan a través de la gente, muchos piensan *¿No es esto sobrenatural?* Y algunas personas realmente son sanadas porque realmente empiezan a creer en Dios.

Yo vi algunos ministros operando a través de espíritus de adivinación en los días de *La Voz de Sanidad.* Ellos podían decirte lo que tenías en tu bolsillo, tu nombre, tu dirección y cosas así. Pero ésta no era revelación divinamente inspirada. La mayor parte del tiempo que la gente hace esto está operando por medio de espíritus de adivinación.

Un ministro una vez me llamó para preguntarme acerca de otro ministro que ambos conocimos en los días de *La Voz de Sanidad.* Él me preguntó si yo lo recomendaría. Sin responderle directamente, le pregunté, "¿Por qué me preguntas si yo lo recomendaría?"

Él me respondió, "No sé. Asistí a uno de sus servicios, y no vi algo equivocado necesariamente, pero hay algo que no parece correcto. Él dice que es un profeta. Me llamó y quiere que mi Iglesia lo apoye para realizar una reunión. Pero algo dentro de mí no siente que esto sea correcto. Pero no sé por qué".

Sin decir nada negativo acerca de este ministro, le dije, "sigue a tu espíritu. Tu espíritu te está dirigiendo correctamente".

Yo necesitaba decirle algo a este pastor a manera de advertencia, pues yo sabía que este ministro en particular había causado problemas en otras iglesias, y que podría dañar espiritualmente su Iglesia también. Pero como no quería decir nada criticando al ministro, tan sólo confirmé lo que el pastor ya tenía en su propio espíritu.

Este llamado profeta algunas veces operaba por el Espíritu Santo, pero luego se cedía a espíritus adivinadores y comenzaba a operar por poderes ocultos. Y antes que te dieses cuenta, él ya estaba profetizando que el dinero saliese del bolsillo de las personas hacia los suyos. Es por esto que dejó un mal testimonio dondequiera que predicaba, y por eso no podía regresar a ninguna de las Iglesias donde había ministrado antes.

El ministerio de este hombre era sospechoso por el mismo hecho de que tenía que conseguir que alguien lo auspicie para tener una reunión. En mi ministerio, nunca he tenido que llamar a alguien para que me auspicie. Si usted deja un buen testimonio dondequiera que predica, la gente lo llamará para reuniones y usted no va a tener que ir por allí tratando de que la gente lo auspicie para sus reuniones.

Si el ministerio de una persona está edificado en la Palabra, prosperará. Si el ministro alimenta a la gente con la Palabra, su ministerio va a hacer un camino para él. Pero si él intenta ministrar a través de demostraciones espectaculares aún cuando el Espíritu Santo no se está moviendo así, se meterá en problemas espiritualmente. Y finalmente su ministerio fracasará.

Algunas veces hay una fina línea entre el fanatismo y la verdadera espiritualidad, y entre las falsas y las genuinas manifestaciones de los dones espirituales. Muchos no son capaces de distinguir la diferencia, pero el Cuerpo de Cristo necesita poder hacerlo. El Espíritu Santo siempre va atraer la atención hacia Dios, y exaltar la Palabra y al señor Jesucristo, no al hombre.

Recientemente mi esposa y yo fuimos a predicar a un cierto grupo de personas, y después de mi mensaje, me volví hacia el pastor y le dije, "Puede que me equivoque porque soy humano; puedo fallar. Y algunas veces es difícil en el Espíritu distinguir entre algunas cosas. Pero usted ha estado pasando a través de una terrible batalla *física* o una tremenda batalla *espiritual* en el último año. Si estoy equivocado, tan sólo dígamelo".

El pastor comenzó a llorar y dijo "Hermano Hagin, he estado pasando a través de una gran batalla física".

Yo le dije, "Bueno, aquí está lo que tengo en mi espíritu. Yo creo que el Señor me dijo que le diga, 'Éste es el final de ella. ¡La batalla ha terminado!' ".

El pastor me dijo a mí y a la congregación, "Yo no le he dicho nada a ninguno de ustedes, pero hace quince años tuve algunos serios problemas físicos. Fui a los mejores doctores de los Estados Unidos y ellos dieron su diagnóstico," y dio el nombre de una rara enfermedad.

"Los doctores me dijeron, 'no hay nada que pueda hacerse. Va a continuar empeorando y después morirá'. Pero yo me puse encima de la situación creyendo a Dios por mi sanidad. Y por catorce años he estado muy bien. Pero el año pasado todos los síntomas regresaron. He tenido terribles dolores. Pero hermano Hagin, cuando habló lo que el Señor le dijo—de que la batalla había terminado—¡todo el dolor se fue!"

Yo lo vi en una convención un mes después, y él aún estaba completamente sano y libre. ¡Éste es el tipo de demostración espectacular de los dones del Espíritu que está en línea con la Palabra!

Cuando el Espíritu Santo está en manifestación, la gente es sanada y hecha libre. Y Dios es exaltado, y no un Profeta.

La Profecía Sacada Fuera de los Límites

Existen aquellos llamados profetas hoy en día que enseñan que pueden profetizar cada vez que ellos imponen manos sobre la gente. ¡Qué vergüenza! Ellos enseñan que un profeta puede pararse en fe para ministrar proféticamente a la gente. Eso no solamente es imposible sino que no es bíblico. El oficio profético sólo está en demostración por la unción del Espíritu de Dios, según *Él* quiere.

¿Entonces por qué Jesús se me apareció hace más de treinta años y me dijo que Él no había puesto los profetas en la Iglesia para guiar a la Iglesia o la vida de las personas? Porque tuvimos en aquel entonces el mismo problema que tenemos ahora. Esos problemas tan solamente resurgen con cada nueva generación.

Ahora, algunos treinta años después, otra generación ha venido espiritualmente y tenemos el mismo problema surgiendo hoy como ocurrió en aquel entonces. La gente está tomando la profecía y el oficio profético fuera de sus límites.

Por ejemplo, la gente me escribe todo el tiempo pidiendo que les profetice—incluso acerca de cosas tales como si ¡deberían ir a la Iglesia o no! Algunas veces siento como si quisiera responderles, "¡Si usted no tiene el suficiente sentido común acerca de dónde congregarse, está en una pobre condición espiritual!"

La gente no necesita que nadie le profetice acerca de dónde deben congregarse. Es así como la gente toma el oficio del profeta fuera de los límites bíblicos y caen en excesos. La Biblia dice que los creyentes deben ser guiados por el Espíritu de Dios. Ellos deberían saber cómo seguir su espíritu en tales asuntos.

Un hombre se me acercó después de un seminario y me pidió que orara por él. Por los últimos siete años había estado asistiendo a cierta Iglesia, pero él sentía que Dios quería que cambie de Iglesia y regrese a la Iglesia a la que asistía antes.

Él me dijo, "quiero que ore para que el Señor me pueda guiar a qué Iglesia asistir".

Empecé a orar de acuerdo con él, pero dentro de mí el Espíritu Santo dijo, "pregúntale qué es lo que tiene en su corazón". Así que yo dejé de orar y le pregunté, "¿qué es lo que le dice su espíritu? ¿Qué es lo que tiene en su corazón?".

Él empezó a reírse y dijo, "que tengo que regresar a la primera Iglesia". Él lo sabía todo el tiempo. Dios estuvo guiándolo todo el tiempo. Y es así como nosotros debemos ser guiados—por nuestros *propios* espíritus—no por profetas!

Pareciera como que caemos en la zanja de un lado del camino y dejamos de lado el oficio profético y la profecía por causa de los excesos, o como que caemos a la zanja del otro lado en el fanatismo y los extremos.

Pero como puede ver, Dios quiere que nosotros mantengamos el oficio del profeta y la profecía sólidamente basados en la Palabra de Dios, como debemos hacer con todo lo demás.

La tradición nos dice que la Iglesia de Tesalónica tenía tanta profecía que la gente casi la menospreciaba. Es por eso que Pablo tuvo que escribir a aquella Iglesia para decirles: "*No apaguéis al Espíritu. No menospreciéis las profecías. Examinadlo todo; retened lo bueno*" (1 Tesalonicenses 5:19–21).

Dios quiere que estemos en medio del camino espiritualmente y disfrutemos la operación bíblica del oficio del profeta y el don bíblico de la profecía.

Sea Guiado por el Testimonio Interior, no por Profetas

Cuando Jesús se me apareció en 1959, Él enfatizó que los creyentes deben ser guiados por el *testimonio interior*, no por el oficio del Profeta. Poco tiempo después de que se me apareció, fui invitado para tener una reunión para cierto Pastor. Cada vez que traté de escribirle confirmando mi asistencia a su Iglesia, sin pensarlo yo terminaba botando la carta. Simplemente no me sentía bien por dentro, en mi espíritu, acerca de ir a esta Iglesia a predicar.

Pero, si no somos cuidadosos, podemos caer en lo natural, razonar las cosas, y dejar de lado al testigo interior. Eso fue lo que yo hice. Me metí al ámbito mental, y pensé, *no haría ningún daño ir a esta Iglesia. Después de todo, yo voy a estar en esa área, ¿Por qué viajar a algún otro lugar para predicar?*

Pero, al mantenerme orando por dirección acerca de dónde quería Dios que yo predicase, en mi espíritu subía cierto pastor. Él tenía una Iglesia más pequeña y me había pedido que fuese y tuviese una reunión para él cuando yo pudiese.

Al principio no presté ninguna atención a este impulso interior del Espíritu Santo. Pero después de algunas semanas, éste pastor seguía viniendo a mi espíritu. Finalmente, le dije al Señor, "¿Seguro que no quieres que vaya y ministre en su Iglesia?" Pero mientras más pensaba en esto, más tenía una buena sensación en mi espíritu al respecto. Tenía una luz verde, por así decirlo, una señal en mi espíritu de que siguiese adelante con ello.

El Señor se me apareció poco tiempo después de ese incidente en 1959 y fue allí que Él me enseñó acerca de la guía sobrenatural del Espíritu Santo. Él me dijo, "Tú no podías ir a la primera Iglesia a ministrar porque en tu interior, en tu espíritu, no te sentías bien acerca de ir allí. Ésa fue una señal para detenerse, una luz roja, o un freno en tu espíritu. Ése el testimonio interior. Realmente no es una voz, pero es algo dentro de ti que te dice que no hagas eso. Aprende a seguir ese testimonio interior".

Jesús continuó, "Ahora me ves sentado aquí y me escuchas hablándote. Yo te estoy diciendo, 'no vayas a esa Iglesia. Ese pastor no va a aceptar la forma en que ministras'. Pero ésta es la última vez que te voy a guiar de esta manera. Te guiaré tal como hago con cualquier creyente, por el testimonio interior".

"En tu interior", Jesús explicó, "tú tenías una intuición interna de que debías ir a otra Iglesia. No la tomaste en cuenta pero siguió viniendo a ti. Como ves, ésa era la luz verde en tu espíritu de que debías ir a aquella otra Iglesia; ésta era la guía del Espíritu Santo. Ese mala impresión que tenías acerca de ir a la otra Iglesia era una señal de pare en tu espíritu".

Jesús me dijo en esa visión, "si tú aprendes a seguir al testimonio interior, Yo te haré rico. Yo no me opongo a que mis hijos sean ricos. Yo me opongo a que ellos sean codiciosos".

Jesús no estaba diciendo de que cada uno de los hijos de Dios serían millonarios. Ser rico significa tener completa provisión. Jesús estaba diciendo de que Él le daría a cada uno de ellos una completa provisión si aprendían a seguir el testimonio interno—no al oficio del Profeta o la profecía.

Años atrás, cuando todos realizaban sus reuniones en carpas, vez tras vez la gente me profetizaba y me decía que Dios quería que yo tuviese una carpa.

Pero, como verá, Dios nunca *me* había dicho que obtuviese una carpa. De hecho, Dios me había dicho que siguiera predicando y enseñando en las Iglesias. Así que lo que esas personas me estaban profetizando no estaba en línea con la guía de Dios en mi propio espíritu. La Biblia dice que debemos ser guiados por el Espíritu Santo en nuestro propio espíritu—no por la gente profetizándonos.

Así que yo solamente sonreía y les decía, "bueno, cuando Él me lo diga, lo haré". Yo sabía en mi propio espíritu lo que Dios quería que yo hiciese.

Como ve, yo no voy a guiar la vida de las personas a través del oficio del profeta o a través de la profecía. Y no voy a permitir que la gente maneje mi vida a través de profecías. Usted tampoco debería permitirlo. Yo me voy a meter en la Palabra por mí mismo, y voy a aferrarme a Dios por mí mismo. Después de todo, yo estoy en contacto con Él, como lo está también usted si es un creyente.

Esto no significa que debemos cerrarnos al sabio y sano consejo, que está en línea con la Palabra de Dios, pero nuestras vidas no están hechas para ser dirigidas por otras personas profetizándonos.

Buscando lo Espectacular y Perdiendo lo Sobrenatural

Demasiados creyentes desean que alguien venga y les profetice y les diga qué es lo que deben hacer, cuando se supone que ellos deben ser guiados por su propio espíritu.

Una vez el Espíritu Santo me dijo, "Mi pueblo está esperando lo espectacular y está perdiendo lo sobrenatural". Dios no siempre guía a Su pueblo por el espectacular y sobrenatural mover del Espíritu Santo. Pero el testimonio interior *es* sobrenatural porque es el Espíritu Santo, y ésta es la forma número uno en la que Dios guía a Su gente.

Dios no puso a los profetas ni el don de la profecía en la Iglesia para guiar nuestros asuntos personales. Usualmente tragedias vienen sobre aquellos que tratan de ser guiados por profetas. Hacen que sus vidas se metan en líos.

Ya le hablé acerca del adinerado hombre de negocios que perdió todo lo que tenía porque había escuchado a una tal llamada profetisa. Ahora le quiero hablar acerca de un hombre de negocios que nunca perdió ni un solo centavo debido a que aprendió a escuchar al testimonio interior—a su espíritu. Él no fue guiado por profecías o por el oficio del profeta; él tan solamente fue guiado por el Espíritu Santo en su propio espíritu.

Yo conocí a este hombre años atrás. Él vivía en una mansión y manejaba carros nuevos y muy caros. Esto fue en los días de la Depresión. Las calles estaban llenas de gente sin trabajo, pues no había trabajo; yo mismo trabajaba desde que salía el sol hasta que se ocultaba por un dólar y estaba contento de ganarlo.

Este hombre tomó 10,000 dólares en aquellos días cuando el dinero valía más que hoy y lo convirtió en un millón de dólares. ¡Y él no hizo eso por escuchar a algún "Profeta"! Cuando alguien era millonario en esos días, era como ser un billonario en estos días.

Este hombre dijo, "Nunca he perdido ni un solo centavo en mis inversiones. La gente sabe que yo invierto, así que ellos vienen con sus tratos de negocios. Yo escucho sus proyectos, y muchas veces mi cabeza me dice, 'éste es un buen trato. Deberías aceptarlo.' O alguien más viene con otra oferta y mi cabeza dice, 'mejor que no te metas allí. Perderías hasta tu camisa'".

"Pero yo siempre dije lo mismo a cualquiera que venía a mi con un proyecto de inversión, sin importar lo que mi cabeza me dijera. Siempre les decía, 'deme dos o tres días para orar acerca de esto'".

"Yo tengo lo que llamo mi closet de oración. Es un ropero que no está en la habitación principal. Yo sé que Dios no necesariamente quiere literalmente que nos metamos en un closet a orar, pero ahí es donde yo oro. Yo me meto allí con mi Biblia, y a veces como una vez al día y algunas veces ninguna. Algunas veces ayuno. Pero oro acerca del negocio. Le pregunto al Señor, '¿Debo o no debo invertir en este negocio?'"

Él dijo, "Yo oro y busco al Señor hasta que obtengo un sí o un no en mi espíritu. Paso la mayor parte del tiempo buscando a Dios, manteniendo mi mente callada delante de Él. Algunas veces tengo que hacer que mi mente se aquiete para obtener una respuesta. Y algunas veces toma tiempo hacer que mi mente se calle; me tomó tiempo aprender como hacer esto. Pero siempre obtengo mi respuesta dentro de tres días, y algunas veces en menos de tres días".

"Algunas veces, para el negocio al cual mi cabeza dice que no me involucre, mi espíritu también me dice, 'no lo hagas'. O algunas veces para el negocio al cual mi cabeza me dice, 'no entres en él o vas a perder hasta tu camisa', mi *espíritu* dice, '¡házlo!' Así que yo lo hago".

Él dijo, "nunca he perdido ni un centavo en todos estos años". Este hombre nunca consultó a un Profeta; simplemente siguió el testimonio interior.

Yo estaba enseñando en cierto lugar acerca del testimonio interior y qué significa ser guiado por el Espíritu, y un hombre vino a mí después del servicio. Él dijo, "Hermano Hagin, si yo lo hubiese escuchado a usted dos años atrás, me hubiese ahorrado miles y miles de dólares". Y me comenzó a explicar.

Él me contó que hacía dos años atrás era dueño de todos los edificios en una manzana de cierta ciudad, lo que incluía 4 ó 5 tiendas. Después en otra parte de la ciudad, era dueño de otra tienda, la cual estaba llena de mercadería. Toda la mercadería dentro de la tienda estaba pagada, y también muchos muebles, artefactos, y herramientas.

Él me dijo, "yo tenía un buen flujo de efectivo y los negocios estaban en buena forma financieramente. Entonces un hombre vino un día con un negocio en el cual quería que yo invierta. Le dije que tenía que orar acerca de ello. Él me dijo que necesitaba una respuesta en tres días. Después de ellos sería muy tarde".

"Yo había escuchado a la gente hablar sobre poner vellones," dijo el hombre, "así que puse un vellón. De acuerdo al vellón, parecía que yo debía invertir mi dinero en el negocio de este hombre, así que fui al banco e hipotequé todo lo que tenía. Puse todo mi dinero en esa empresa y perdí cada centavo. Por los últimos dos años tan solamente he estado pagando los intereses que debo, y aún debo miles de dólares".

El continuó, "si hubiese escuchado esta enseñanza acerca de seguir al testimonio interior, no hubiese perdido todo mi dinero. Algo dentro mío se mantenía diciéndome que no invirtiera en ese negocio, pero el vellón dijo que lo haga".

En ninguna parte en el Nuevo Testamento dice, "aquellos que son guiados por *vellones* son hijos de Dios".

Un año en Rhema, uno de nuestros estudiantes me preguntó acerca de alguien que se suponía que era un profeta. En primer lugar, si una persona tiene que decirle a todo el mundo que es un profeta, yo dudo acerca de su llamado. En segundo lugar, la gente comete un error yendo alrededor escuchando a cada cual que se llama profeta.

La Biblia dice que el don del hombre le ensancha el camino (Proverbios 18:16). Si una persona es llamada al oficio del profeta, no debería necesitar publicarlo. La gente lo va a saber tarde o temprano por el equipamiento espiritual que va con ese oficio.

De todas formas este estudiante dijo, "este profeta me llamó para que pase adelante y me profetizó de que Dios me había llamado al África. Me dijo que en tantos meses yo estaría en África".

El estudiante dijo, "pero ese pensamiento jamás había cruzado mi mente, ni nunca tuve en mi espíritu el ir al África".

Yo le pregunté, "en tu espíritu, ¿qué es lo que sientes que Dios quiere que hagas?"

Él me dijo, "yo sé exactamente lo que Dios quiere que haga. Yo establecí eso en mi vida a través de la oración y el esperar delante de Dios".

Yo le dije, "¿tiene que ver algo con el África?"

Él me respondió, "no".

"Olvida lo que ese hombre te dijo", le dije.

"Sí, pero ese hombre me dijo que era un profeta".

Le dije, "Que haya dicho que es profeta, no lo hace profeta. No prestes atención a lo que te dijo. Haz lo que Dios te ha dicho en tu propio corazón que hagas".

Cuando usted está arraigado en la Palabra, no va a ser movido por aquellos que se llaman profetas o por sus supuestas profecías. Si usted *es* movido por ellos, aún es un niño espiritual llevado de aquí para allá por todo viento de doctrina (Efesios 4:14). Usted necesita aprender a ser guiado por el testimonio interior del Espíritu Santo en su espíritu humano.

Capítulo 8

Actuando en la Carne o Ministrando en el Espíritu

Hemos hablado acerca de los problemas en que los llamados profetas pueden meterse cuando tratan de dirigir la vida de las personas a través de ese oficio. Los ministros también se pueden meter en problemas cuando tratan de ejecutar o simular algo cuando la unción no esta allí. Cuando los ministros caen en este error, usualmente es porque desean ser vistos por los hombres y recibir gloria para sí mismos.

Tuvimos en los días de *La Voz de Sanidad* ministros que se metieron en este tipo de problemas. En aquellos días, hubo un joven que estaba en el oficio profético y era poderosamente usado por el Espíritu Santo en la palabra de conocimiento.

Yo personalmente lo había visto señalar persona tras persona en una multitud de miles, y les decía exactamente lo que estaba mal con ellos. Cada una de ellas fue instantáneamente sanada. Él hizo esto bajo la unción del Espíritu Santo.

Pero entonces también lo observé ministrar a través de poderes ocultos. Cuando el Espíritu Santo no se estaba moviendo a través de los dones del Espíritu, él trataba de ministrar sobrenaturalmente sin la unción. Debido a que estaba operando en la carne y en el ámbito natural donde Satanás es dios (2 Corintios 4:4), abrió la puerta a espíritus ocultos y éstos ocuparon un lugar en esto.

Un pastor me dijo que este profeta había ministrado también en su Iglesia. El pastor dijo, "Tuvimos una mujer en nuestra Iglesia que se enfermó gravemente, y los doctores no pudieron encontrar lo que estaba mal en ella. Finalmente, ella fue a un especialista en Nueva York. El especialista le dijo que tenía una rara enfermedad y le dio el nombre de la misma".

"El especialista le dijo, 'sólo tres personas en el continente norteamericano han tenido esta enfermedad y no hay cura. Usted morirá para cuando tenga treinta y ocho años'. La mujer tenía treinta y seis años en ese entonces".

El pastor continuó, "Este profeta vino para tener una reunión en nuestra Iglesia y la unción de Dios estaba sobre él para ministrar en los dones del Espíritu. Él señaló a esta mujer en la congregación y dijo, 'los doctores le han dicho que tiene una enfermedad rara e incurable. Sólo tres personas en Norteamérica han tenido esta enfermedad'. Después le dio el nombre de la enfermedad y dijo, 'el Señor la ha sanado'".

El Pastor me dijo, "Ésta mujer fue instantáneamente sanada. Regresó a los mismos doctores y no pudieron encontrar ni rastro de la enfermedad en su cuerpo".

"Pero", continuó el pastor, "la siguiente noche, cuando el profeta se levantó para ministrar, la unción no estaba allí para ministrar con los dones espirituales así que él intentó hacer algo por sí mismo. Él se dirigió a una mujer, la cual era esposa de uno de mis diáconos y le dijo, 'el Señor me muestra que usted tiene apendicitis crónica'".

El pastor me dijo, "Cada uno en la Iglesia sabía que ella nunca había tenido problemas de apendicitis en su vida. Esto confundió a la gente. Me hubiese gustado que él regresara a predicar porque hizo mucho bien. Pero no puedo hacerlo por el bien de mi congregación. Ellos no pueden entender cómo él podía estar en lo correcto una vez, y equivocado otra vez".

La Palabra—Un Fundamento Seguro

El Señor más tarde me dirigió para hablar con este profeta y advertirle de que se estaba desviando en su ministerio profético.

El Señor me dijo, "Ve y dile que si la unción está allí para ministrar a la gente a través de los dones del Espíritu, entonces que vaya y lo haga. Si la unción no está allí, entonces que predique la Palabra. Dile que no edifique su ministerio sobre los dones espirituales, sino que lo edifique en la *Palabra de Dios*. Dile que Yo dije que desarrolle su Ministerio de *predicación*".

Este hombre no era un maestro, pero era un predicador. El Señor dijo, "Si él no desarrolla su ministerio de predicación, y continúa poniendo los dones espirituales primero, va a terminar en el basurero espiritual".

¿Qué es un basurero espiritual? Bueno, un basurero es un lugar donde se almacenan desechos. Así que un basurero espiritual simplemente significaba que el ministerio de este hombre tendría que ser desechado si no cambiaba, debido a que estaba dañando al Cuerpo de Cristo y causando confusión.

Como puede ver, no puede edificar un ministerio sobre los dones espirituales. Ni siquiera puede basar un ministerio sobre un oficio ministerial—incluyendo al oficio del profeta. Y tampoco puede edificar un ministerio sobre la unción. De hecho, usted no puede basar un ministerio sobre *nada* excepto la Palabra de Dios.

Cuando los ministros edifican su ministerio en la Palabra, entonces el Espíritu Santo se puede mover y demostrarse a Sí Mismo como Él desea en los dones espirituales.

Habían como ciento veinte ministros en *La Voz de Sanidad*. Muchos de ellos tenían maravillosos dones espirituales en operación en sus vidas y ministerios, pero no tenían un fuerte fundamento en la Palabra. Una vez dije a algunos de aquellos ministros, "cuando todos ustedes se hayan ido, yo aún estaré aquí".

Ellos me miraron asombrados y me preguntaron, "¿Por qué?"

Yo les respondí, "porque ustedes están edificando sus Ministerios en los dones del Espíritu. Yo estoy basando mi ministerio en la Palabra de Dios".

Casi todos ellos se han ido ahora, pero yo todavía estoy aquí predicando la Palabra. Edifique su vida y ministerio en la Palabra. Ponga las manifestaciones del Espíritu en segundo lugar. Predique y enseñe la Palabra, y deje que las señales sigan a la Palabra (Marcos 16:17).

De todos modos, yo hablé con ese profeta por cerca de hora y media, y le dije exactamente lo que el Señor me había dicho que le diga. Yo no lo ministré públicamente. Los profetas a veces cometen un error al levantarse y publicar todo lo que ellos ven y oyen en el Espíritu. El Espíritu Santo no humilla ni avergüenza a la gente.

Este hombre fue receptivo a lo que yo tenía que decirle, pero después me dijo, "Pero Hermano Hagin, la gente viene a mis reuniones y esperan que yo ejecute algo".

Los Predicadores *NO* son Actores

Yo pude afirmar que él estaba fuera de curso espiritualmente cuando dijo eso. Yo le dije, "tú no eres un actor; tú eres un predicador".

Si una persona se sale de curso un poquito y no se corrige a sí mismo, ¡eventualmente va a estar totalmente fuera de curso! ¡Aquellos llamados al ministerio no son *actores*! Si un ministro está actuando, él necesita dejar el ministerio.

Después de hablar con este profeta, él comenzó a desarrollar más su ministerio de predicación. Pero después de un tiempo, volvió a caer en el mismo error. Comenzó a poner los dones espirituales primero y a ministrar en la carne cuando la unción no estaba allí.

Existe un real peligro en esta área, porque Satanás opera en el ámbito de la carne. Así que la gente se abre a sí misma al diablo cuando trata de operar los dones espirituales en la carne. Cualquier ministro que trata de fabricar dones espirituales cuando no están en operación va a desviar a las personas y eventualmente va a fallar porque él está en error.

Al año siguiente, yo estuve en la convención de *La Voz de la Sanidad* y este mismo ministro estuvo allí también. El Señor me volvió a hablar y me dijo, "Ve y háblale". Así que fui otra vez a hablar con él en privado.

Yo le dije, "tú vas a terminar en el basurero espiritual si no dejas de tratar de actuar y simular frente a la gente cuando el Espíritu de Dios no se está moviendo. No trates de operar en los dones del Espíritu si no estás en el Espíritu".

Yo le dije lo que el Señor me había dicho que le diga, pero no sabía si esto estaba siendo registrado en él o no.

Poco tiempo después de ese incidente, tuve la ocasión de hablar con el hermano A. A. Swift, quien fue un misionero a la China y un sobresaliente maestro bíblico. Estábamos discutiendo sobre cosas espirituales, y le conté que el Señor me había dirigido para hablarle a este profeta.

El hermano Swift me dijo, "Me alegro que le haya hablado a él, hermano Hagin. Él viene aquí cada año para ministrar. Uno va a sus reuniones una noche, y el Espíritu Santo está operando a través de él en los dones del Espíritu.

Pero si regresa a la siguiente noche, los poderes del ocultismo están operando a través de él".

El hermano Swift continuó, "Yo me familiaricé con los poderes ocultos cuando serví como misionero en China, así que conozco la diferencia entre los espíritus de adivinación en operación y el genuino movimiento del Espíritu Santo. Pero algunos ministros no conocen la diferencia".

¿Es posible que una persona se ceda al Espíritu Santo en un momento y después se ceda a espíritus malos en otro? ¡Por supuesto! Lo vemos en la Biblia.

Pedro se cedió al Espíritu Santo cuando le dijo a Jesús, "*... tú eres el Cristo, el hijo del Dios viviente"* (Mateo 16:16). Jesús le dijo, "*... no te lo reveló carne ni sangre"* (Mateo 16:17). Esto no se lo reveló a Pedro la carne ni la sangre; el Espíritu Santo se lo reveló.

Mientras uno continúa leyendo el mismo capítulo, Jesús comenzó a hablar acerca de ir a la cruz y morir. Pedro le dijo a Jesús "*... Señor, ten compasión de ti"* (Mateo 16:22). Jesús lo reprendió y le dijo, "*... quítate de delante de mi Satanás..."* (Mateo 16:23).

Jesús no estaba llamando a Pedro "Satanás". Jesús tan sólo estaba diciendo que Pedro se estaba cediendo a Satanás y hablando lo que Satanás estaba diciendo—no lo que Dios estaba diciendo.

Así que Pedro se cedió en ese momento al Espíritu Santo, pero también se cedió luego a un espíritu malo. Por lo tanto, sabemos por las Escrituras de que es posible cederse al Espíritu Santo en un momento y a un espíritu malo en otro.

Como puede ver, cuando trata de operar en los dones del Espíritu por sí mismo sin la unción, espíritus familiares (o espíritus de adivinación) pueden hallar cabida en usted y decirle cosas. Pablo lo dijo de esta manera: *"tantas clases de idiomas* [KJV, voces] *hay, seguramente, en el mundo, y ninguno de ellos carece de significado*" (1 Corintios 14:10). Al operar en la carne sin la unción, usted ingresa en ese ámbito donde hay muchos espíritus y muchas voces.

En los días de *La Voz de la Sanidad* por ejemplo, muchos buenos ministros se equivocaron espiritualmente porque ellos se fueron por la tangente al tratar de escuchar lo que ellos llamaban el "espíritu", en vez de escuchar la Palabra.

Distinguiendo la Voz del Señor

¡Un profeta debe conocer la voz del Señor! Algunas veces es difícil conseguir que los ministros jóvenes entiendan que cada "voz" que ellos oyen no es de Dios. No todas las voces que les hablan en el ámbito espiritual son la voz del Espíritu Santo.

Yo no digo esto para atemorizar a la gente. Pero por otro lado, es mejor ser cauto y estar seguro que lamentarse después. Y si un profeta o cualquier creyente para este asunto no conoce la Voz del Señor, entonces ¡no debería actuar en lo que oye hasta que lo sepa! Es mejor no hacer nada que actuar precipitadamente en lo que uno *piensa* que es el Señor.

Algunas veces solamente el crecimiento y la gracia enseñarán a los creyentes algunas de estas cosas. Los ministros no deberían tener temor, pero ellos *deberían* ser cautos. Y no deberían tampoco ir por allí diciendo, "Así dice el Señor" con respecto a cada voz que escuchan en el ámbito espiritual.

Al principio en mi ministerio, yo le dije al Señor, "Señor yo no voy a actuar en ninguna voz que oiga hasta que conozca la diferencia entre la Voz del Espíritu Santo y la voz de los espíritus malos".

Por supuesto, el Señor nos entrena por Su Espíritu mientras nosotros estudiamos y meditamos la Palabra. Al habitar la Palabra de Dios en nosotros, comenzamos a aprender cómo distinguir entre las diferentes voces en el ámbito espiritual, y aprendemos a conocer la Voz del Espíritu Santo. La Voz del Espíritu Santo siempre se alinea con la Palabra de Dios (Juan 16:13, 15; 1 Juan 5:8).

Cuando era joven en el ministerio, a veces estaba seguro de que el Espíritu Santo me había hablado, pero cuando actuaba en lo que Él me dijo, nada ocurría; no había ningún resultado. Por ejemplo, algunas veces en una reunión cuando el Espíritu Santo me daba alguna palabra de conocimiento para alguien y yo la hablaba a la congregación, nadie respondía. Esto causó que yo dudase si es que el Espíritu Santo realmente me había hablado.

O a veces yo era dirigido por el Espíritu Santo para hacer un llamado al altar, o para ministrar cierta sanidad en particular y nadie respondía. La Voz del Espíritu Santo era tan real para mí como si una persona estuviese hablándo a mi lado. Pero nadie en la congregación respondía.

En otras ocasiones cuando hablaba lo que el Espíritu Santo me daba, la gente en la congregación respondía, y cosas maravillosas ocurrían como resultado de obedecer las indicaciones del Espíritu Santo.

El Señor me explicó esto. Él dijo, "Hay dos cosas que están involucradas cuando esto sucede. Primero, la gente en la congregación tiene algo que ver con esto. Ellos tienen la responsabilidad de responder al Espíritu Santo también".

"Muchas veces tú escuchaste la Voz del Espíritu Santo correctamente, pero la gente también tiene que hacer su parte. Ellos necesitan responder a lo que el Espíritu Santo dice a través de ti, el ministro".

El ministro puede oír a Dios correctamente, pero la gente todavía tiene voluntad propia y ellos pueden escoger si responder o no a Dios.

"En segundo lugar", Jesús explicó, "hay un espíritu malo cuya voz suena muy similar a la Voz del Espíritu Santo. Esa voz es muy similar a la voz de la profecía, excepto de que magnifica y levanta al hombre, no a Dios".

Por supuesto, el genuino espíritu de profecía es la Voz del Espíritu Santo (Apocalipsis 19:10).

Como ve, hay muchos espíritus y muchas voces en el ámbito espiritual (1 Corintios 14:10). Jesús dijo, "Casi cada ministro—y cada creyente— mientras está madurando espiritualmente, algunas veces oye sin saberlo esa otra voz. Aún no ha aprendido a distinguir entre ella y el Espíritu Santo. Es otra razón por lo que nada sucede o suceden cosas equivocadas cuando ministran".

¿Significa esto que un creyente tiene un demonio cuando oye la voz incorrecta? No, por supuesto que no. De la misma manera que Pedro no tenía un demonio cuando se cedió a Satanás y habló lo que Satanás dijo (Mateo 16: 21–23). Santiago y Juan también se cedieron a la influencia espiritual equivocada (Lucas 9:54–56) y fueron reprendidos por Jesús.

Como ve, las cosas espirituales—tanto la Palabra de Dios como las voces de espíritus—tienen que ser correctamente divididas. La gente puede escuchar la voz incorrecta así como también puede "dividir" incorrectamente o malinterpretar las Escrituras.

Los creyentes no deben tener temor de seguir la voz equivocada mientras estén permaneciendo en la Palabra. Es por esto que ellos deben alinear todo lo que escuchan con la Palabra de Dios, porque el Espíritu y la Palabra están de acuerdo (1 Juan 5:8).

También la Biblia nos promete que el Espíritu Santo nos va a guiar a toda verdad (Juan 16:13). Jesús dijo, *"...y las ovejas le siguen, porque conocen su voz. Mas al extraño no seguirán, sino huirán de él, porque no conocen la voz de los extraños"* (Juan 10:4–5).

Por lo tanto, si usted escucha algo en el ámbito espiritual que es contrario a la Palabra de Dios, sabrá que *no* debe seguirlo.

Al crecer espiritualmente, todo ministro y todo creyente debe aprender a distinguir entre estas dos voces. Como Jesús me dijo, "algunas veces nada más que el crecimiento y la gracia—tiempo y experiencia en la Palabra y el Espíritu—enseñarán a una persona algunas de estas cosas".

Algunas veces la gente desea tanto ser usada por Dios que se salen del ámbito espiritual y tratan de hacer algo por ellos mismos en el ámbito natural donde Satanás es dios (Segunda de Corintios 4:4). Y entonces estos espíritus vienen y ganan terreno en ellos. Aquellos que hacen esto caen en error, porque están tratando de llamar la atención hacia ellos mismos en vez de dar la gloria a Dios.

Es mejor esperar y asegurarse de que es el Espíritu Santo el que le está hablando. Si no está seguro, no se mueva en lo que ha escuchado en el espíritu.

Yo sé en mi propio ministerio que cuando el Espíritu Santo se está moviendo, y si no estoy exactamente seguro de lo que Dios quiere que yo haga, sólo espero que Dios me dirija. Si no tengo claro en mi espíritu qué es lo que Él quiere que yo haga, simplemente me mantengo quieto y sigo adelante y predico la Palabra. La Palabra siempre funciona porque está ungida.

¿Qué es lo que lo va a evitar que se desvíe y oiga otras voces que no son el Espíritu Santo? El mantenerse cerca de Dios. Permanezca en la Palabra. Desee exaltar y levantar a Dios y Su Palabra, no a usted mismo.

Hace algunos años yo vi a algunos sujetos desviarse espiritualmente, a los cuales Dios había llamado sin ninguna duda y los había usado durante un tiempo en el ministerio profético. Pero noté que antes de sus reuniones, estos hermanos no pasaban su tiempo estudiando, orando o buscando a Dios. Ellos se pasaban todo el día haciendo chistes y visitando a la gente.

Pero siempre me sorprendía que ellos cuando se levantaban a ministrar en sus servicios, el "don" aún operaba a través de ellos. Vine a entender que ellos no estaban operando los dones del Espíritu Santo—fue la obra de espíritus de adivinación.

Yo sé por experiencia que cuando estoy teniendo reuniones, no puedo pasarme todo el día yendo por allí y luego esperar levantarme en el servicio y ¡operar bajo la unción!

El Espíritu Santo siempre me ha enfatizado cuando tengo reuniones, "mantente lejos de la gente. Espera delante de Mí en oración y en la Palabra". Yo he hecho ésta una práctica a través de los años. Y al ser fiel haciendo esto, los dones espirituales operan en una mayor medida en mi ministerio.

Pero cuando usted está todo el día yendo por allí, dejando de lado la Palabra y la oración, y tan sólo se levanta y automáticamente opera en el "Espíritu", ¡algo no está bien!

La Correcta Operación de los Dones Espirituales

Es muy importante que los profetas se aseguren de mantenerse dentro de los límites de las Escrituras en la operación de los dones espirituales en sus vidas y ministerios.

De hecho, no hay ninguna instrucción dada acerca de cómo los dones del Espíritu operan excepto para los dones de expresión [vocales o de inspiración]. Pero hay una razón por la cual la Biblia nos da instrucciones y nos advierte acerca del uso apropiado de los dones de *expresión* del Espíritu Santo—lenguas, interpretación de lenguas y profecía.

Como puede ver, los creyentes tienen algo que hacer con la manifestación de estos dones. Nosotros hablamos, pero el Espíritu Santo da la expresión. Nosotros tenemos que c*edernos* a las indicaciones del Espíritu Santo y hablar en fe lo que Dios nos ha dado.

Aunque la expresión del don es perfecta, la manifestación a través del creyente no siempre es perfecta. Piense acerca de esto. Los creyentes pueden profetizar, hablar en lenguas, e interpretar *por su propia voluntad*, aunque no sean guiados por el Espíritu Santo. Ellos pueden hacer estas cosas enteramente en la carne, imitando al Espíritu Santo.

Es por esto que deben haber pautas Bíblicoes gobernando la operación de los dones de expresión. El creyente tiene un papel que jugar en cooperación con el Espíritu Santo.

Observe que la Biblia no dice nada acerca de cómo los dones de revelación y los dones de poder operan: la palabra de conocimiento, la palabra de sabiduría, el discernimiento de espíritus; los dones de sanidades, el don de fe, o la operación de milagros.

Sí, el creyente aún tiene que cooperar y cederse al Espíritu Santo y obedecer Sus indicaciones en la operación de estos dones también. Sin embargo, por otro lado, el creyente no puede darse a sí mismo un milagro, producir una visión, o sanar a alguien.

En este sentido, el creyente mismo no tiene nada que hacer con la operación de estos dones. O el Espíritu Santo hace el milagro o no lo hace; usted no puede hacer que un milagro ocurra. O usted tiene una auténtica revelación del Espíritu Santo, o no la tiene. Usted puede soñar algo o imaginarse que Dios le ha dicho algo, pero esto no se cumplirá.

En este sentido, el creyente no tiene nada que ver con la operación de los dones de revelación y de poder. Pero en los dones de expresión, el creyente obra en cooperación con el Espíritu Santo.

Es por esto que la Biblia dice que los dones de expresión, ya que operan en dependencia del creyente, necesitan ser juzgados (1 Corintios 14:29). Algunas profecías son fáciles de juzgar. Por ejemplo, fue fácil juzgar la profecía que una mujer una vez dio en la Iglesia: "hijitos míos, si son mis hijitos, no tengan temor. Pero si temen, yo no los culpo. Yo también a veces tengo temor".

Yo observé en la Palabra que cada vez que Dios entra en escena, Él dice, "No temas". Así que esa profecía fue fácil de juzgar porque no se alineaba con la Palabra de Dios. Pero hay algunas veces donde la profecía no es tan fácil de juzgar.

Por un lado, no queremos estar a la defensiva en el área de la expresión profética, desconfiando de cada persona y de cada expresión. Pero por otro lado, no queremos ser como los pajaritos que abren sus bocas y se tragan cualquier cosa que se deposite en sus gargantas.

Los creyentes necesitan darse cuenta de que los dones del Espíritu Santo son *perfectos*, pero que los seres humanos son *imperfectos*. El Espíritu Santo se manifiesta a Sí mismo a través de vasos imperfectos, así que la manifestación a través de una persona no siempre es perfecta.

Es por eso que particularmente los profetas necesitan asegurarse de permanecer dentro de las pautas Bíblicas en sus ministerios, ya que ellos operan más consistentemente en los dones de expresión del Espíritu que cualquier otro don del ministerio.

El Balance Entre la Palabra y el Espíritu

Cada profeta necesita estar sólidamente enraizado en la Palabra, o va a ser muy fácil que se desvíe siguiendo al "Espíritu" y se aleje de la Palabra. De hecho, cada creyente, y ciertamente aquellos llamados a uno de los cinco dones ministeriales necesitan un balance en su caminar espiritual entre la Palabra y el Espíritu Santo.

En mi ministerio, por ejemplo, junto con el don profético, yo también tengo un don de enseñanza. Esto ha traído balance a mi ministerio. Sé por experiencia que si un profeta no está en la Palabra, tendrá la tendencia de seguir demasiado al "Espíritu", y podría meterse en problemas. Pero si él es sólido en la Palabra, la Palabra lo va a mantener estable.

Yo también he visto balance o mezcla en otros ministerios. Por ejemplo, he podido ver equipos ministeriales conformados por parejas de esposos, en donde uno era profeta y el otro tenía un sólido ministerio de enseñanza. Uno ayudaba a balancear al otro espiritualmente. Los dos dones del ministerio trabajando juntos proveen una buena combinación de ministerios y un sólido balance espiritual.

Una pareja en particular estaba muy bien balanceada ministerialmente. La esposa era sin duda una profetisa y su esposo era pastor y maestro. Espectaculares dones espirituales se manifestaban a través del ministerio profético de la esposa en la Iglesia. Pero el ministerio de sólida enseñanza del esposo la estabilizaba a ella y le daba balance a su ministerio. Una mezcla de estos ministerios puede ser una gran ventaja ministerial y ser usada poderosamente por Dios.

También, si uno es llamado a más de un oficio, necesitará entender qué ministerio tiene prioridad. Por ejemplo, yo me metí en problemas con el Señor cuando dejé en cierta medida mi ministerio profético y puse mi ministerio de enseñanza primero.

Dejé de operar en cierta medida en mi ministerio profético porque en ese tiempo hubo aquellos que se llamaban a sí mismos profetas, pero que estaban causando todo tipo de estragos en el Cuerpo de Cristo. Yo no quería ser clasificado con lo falso, así que retrocedí proféticamente. Cuando hice eso, me metí en problemas y el Señor me tuvo que corregir.

Un ministro en particular causó mucha confusión en los días de *La Voz de Sanidad,* particularmente en el ministerio de liberación. En una época fue maravillosamente usado por Dios en los dones espirituales. Yo vi a Dios hacer a través del ministerio de este hombre algunos de los más grandiosos milagros que haya visto en mi vida. Pero cayó en excesos y esto arruinó su ministerio y finalmente le costó la vida.

Como ve, finalmente un profeta o cualquier ministro va a perder la unción si no está caminando en la luz de la Palabra. En lo natural, si usted hace que un tren vaya a toda velocidad y deja que se acabe el combustible, va a seguir avanzando por un tiempo.

De la misma manera, a algunos profetas se les acabó la unción y el poder del Espíritu Santo porque sus ministerios no están basados sólidamente en la Palabra para darles combustible espiritual. Aunque continúan por algún tiempo.

Muchas personas no pueden decir cuándo un ministro está predicando sin la unción. Pero por el sólo hecho de que un profeta pueda predicar, esto no significa que está predicando bajo la unción. ¡Mucha gente no conoce la diferencia entre *inspiración* y *transpiración!* Sólo porque un ministro habla rápido, no significa que está inspirado por el Espíritu Santo.

NO PERVIERTA EL DON DE DIOS

Mantenerse enseñable y permanecer en la Palabra va a ayudar a una persona a no desviarse espiritualmente. Yo no sé acerca de usted, pero yo siempre he practicado el escuchar a otros que tienen sabiduría y conocimiento en la Palabra.

Aún cuando era un ministro joven, yo escuchaba a hombres de Dios mayores que habían estado en el camino espiritual antes que yo. Estos eran hombres que tenían años de experiencia ministerial y que conocían al Espíritu de Dios. Las cosas que ellos compartieron conmigo me ayudaron inmensurablemente en muchas áreas.

Un área donde el Cuerpo de Cristo necesita sabiduría de ministros experimentados es en entender que hay estafadores religiosos en el ministerio. Algunos de estos engañadores se llaman a sí mismos profetas. Por ejemplo, algunos ministros que en algún tiempo fueron usados por Dios en los dones de revelación, particularmente en la palabra de conocimiento, han pervertido aquellos dones.

Parecía que cada vez que ellos tenían una palabra de conocimiento, se trataba siempre de dinero. Por ejemplo, escuché a un llamado profeta decir, "Hay una mujer que tiene diez mil dólares. Si ella me los envía, Dios va a salvar a su esposo".

Bueno, de seguro que había alguna mujer con un esposo inconverso que le enviaría ese dinero. ¡Pero cualquier ministro que usa los dones espirituales para profetizar dinero hacia su ministerio es un *falso* profeta! Una persona como esa no está en el Espíritu—sencillamente ha aprendido cómo maniobrar para manipular a la gente. Su mente está enfocada en el dinero, y ha perdido la unción del Espíritu Santo.

Muchos que han pervertido los dones espirituales sin duda fueron usados por Dios durante un tiempo. Pero la unción en sus ministerios los dejó cuando se volvieron tan enfocados en el dinero que pervirtieron el don de Dios por ganancia personal. Y cuando un ministro ya no es enseñable y abierto a la corrección de otros, está espiritualmente fuera de forma.

Había un hombre en los días de *La Voz de la Sanidad* a quien Dios usó poderosamente. Una vez lo vi señalar a un hombre en la congregación y decirle "Dios me muestra que tienes una hernia".

Él le dijo al hombre cuantos años había tenido esa hernia. Después oró por el hombre, y la hernia desapareció instantáneamente. El hombre que fue sanado era un exitoso hombre de negocios. Él estaba emocionado de haber sido sanado porque había sufrido grandemente.

Muchos años después de que este hombre de negocios fue sanado, me preguntó, "¿Usted cree que este profeta estaba bien espiritualmente?"

Yo le pregunté "¿Por qué?"

Él me dijo, "Bueno, yo fui sanado. Pero cada vez que ese ministro me veía después de mi sanidad, él profetizaba que yo le diese dinero".

Finalmente después de dos o tres años, este hombre de negocios se dio cuenta. Él debió darse cuenta la primera vez. Cualquiera que profetiza que dinero salga de tu bolsillo hacia el de ellos está mal. ¡Nunca acepte el ministerio de alguien que siempre está profetizando que dinero salga de las personas!

Un profeta nunca debe usar los dones espirituales por ganancia personal. Algunos ministros le dirán que siembre su dinero en sus ministerios como una semilla de fe por su sanidad. Pero ellos están pisando sobre terreno peligroso. ¡La sanidad le pertenece aún si no tiene ni un solo centavo!

Los ministros necesitan ser cuidadosos, particularmente en lo concerniente al dinero. Algunos ministros simplemente quieren su apoyo financiero, y tratan de obtenerlo por medios cuestionables. Ellos no necesariamente están interesados principalmente en ministrar a la gente o en ser una bendición. Los ministros del Evangelio deberían estar en el ministerio para ayudar y bendecir a la gente, no por ganancia personal.

Pero, como verá, el simple hecho de que un ministro, incluyendo un profeta, produzca fruto en su ministerio, esto no significa que su vida o ministerio estén 100% correctos con Dios.

Los cristianos no deberían ser escépticos con los ministros del Evangelio. Por otro lado, hay estafadores espirituales en el ministerio que han pervertido el don de Dios; y son motivados por ganancia personal.

Así que los cristianos no solamente deben mirar el fruto que un ministro produce públicamente, para determinar si su ministerio está bien en lo espiritual. ¿Camina él rectamente delante de Dios? ¿Refleja su vida la seriedad de su supremo llamamiento al ministerio? ¿Están siendo los Dones espirituales usados de acuerdo a las pautas de la Escritura? Estas son preguntas que ayudarán para que el Cuerpo de Cristo no sea dañado por charlatanes en el Ministerio.

LAS VERDADERAS MANIFESTACIONES DE LOS DONES DE REVELACIÓN

Ocasionalmente, el Espíritu Santo revelará a un profeta ciertos hechos acerca de personas. Pero usualmente no es para que lo diga a otros. El profeta necesita ser cuidadoso de no atraer la atracción a sí mismo o para avergonzar a otros públicamente por lo que él sabe en el Espíritu.

Por ejemplo, yo asistí a una de nuestras reuniones de confraternidad hace algunos años y vi a un hermano al que nunca había visto antes. Me dije a mí mismo, *¿Quién será él?* Dentro de mí el Espíritu Santo dijo, "Él es fulano de tal. Él asiste a tal Iglesia y vive en tal lugar".

Yo nunca le dije a nadie que el Espíritu Santo me reveló eso; yo no quise atraer la atención hacia mí mismo. El Espíritu Santo me dijo eso por una razón, no para que yo lo publicara y mostrara a todos lo "espiritual" que yo era.

Así que en raras ocasiones, un profeta puede saber ciertos hechos acerca de una persona a través de la palabra de conocimiento, pero usualmente no es para que la diga a todos. Puede que haya un legítimo uso de la palabra de conocimiento con respecto a esto si el profeta no está usándola para sacar dinero de la gente. Usualmente la palabra de conocimiento estimula la fe de las personas y las ayuda a creer en Dios por sí mismas.

Existe una verdadera manifestación de los dones de revelación en el ministerio del profeta. Pero algunas veces los profetas que son llamados y equipados por Dios, piensan, *estoy obligado a actuar*. Cuando el Espíritu Santo no está en manifestación, ellos tratan de operar los dones espirituales. Pero están en la carne y actuar así es una posición peligrosa.

Para mantenerse en curso en su vida y ministerio, un profeta siempre debe estar seguro de que está basando su ministerio en la Palabra y no en los dones espirituales. Para el profeta, y para cualquier otro de los cinco dones del ministerio, la Palabra de Dios es el *único* fundamento seguro.

Capítulo 9

Predición vs. Proclamación

En un capítulo previo, vimos que una diferencia entre los profetas del Antiguo y del Nuevo Testamento es que los profetas del Nuevo Testamento no guían ni dirigen a los creyentes. En la visitación de 1959 Jesús también me habló sobre otra diferencia entre los profetas del Antiguo y del Nuevo Testamento.

Jesús dijo, "El oficio del profeta en el Antiguo Testamento consistió más en la *predicción,* mientras que el oficio del Profeta bajo el Nuevo Pacto consiste más en la *proclamación.* Sin embargo, Dios puede también ocasionalmente usar a los profetas del Nuevo Testamento para predecir eventos futuros, a través de la palabra de sabiduría".

Bajo el Antiguo Pacto, la mayor parte del ministerio del profeta tenía que ver con la *predicción.* Muchas veces los profetas del Antiguo Testamento predicaban a la gente y después comenzaban a profetizar, prediciendo acerca del Mesías venidero. Después volvían a retomar donde se habían quedado y predicaban inspiracionalmente a los israelitas acerca de seguir a Dios.

Algunas personas piensan que una gran parte del ministerio del profeta bajo el Nuevo Testamento es también la de predecir eventos futuros. Sin embargo, ésta no es la parte principal de su ministerio, aunque puede manifestarse ocasionalmente según el Espíritu de Dios quiere.

Diversidades de Unciones

Es importante entender que en cada don del ministerio hay diversidades de unciones. Por ejemplo, como he dicho, algunos profetas ministran más en la unción de la *predicación.* Otros profetas ministran más en la unción de la *enseñanza.*

También, algunos profetas del Nuevo Testamento no fueron usados en lo absoluto en la palabra de sabiduría. En otras palabras, ellos no predijeron nada; ellos fueron más profetas *predicadores* como Juan el Bautista.

El ministerio profético de Juan consistió en predicar arrepentimiento y en bautizar a la gente. No tenemos ningún registro en la Biblia de que él predijo algún evento futuro, excepto: *"...viene tras mi el que es más poderoso que yo, a quien no soy digno de desatar encorvado la correa de su calzado"* (Marcos 1:7).

La Biblia también dice que Judas y Silas fueron profetas, pero no vemos que tampoco predijeron en sus ministerios. La Biblia tampoco registra que ellos dieron mensajes personales a alguien. La Biblia dice que Judas y Silas *"...consolaron y confirmaron a los Hermanos con abundancia de palabras"* (Hechos 15:32). En otras palabras, Judas y Silas predicaron la Palabra a la gente y los animaron en los caminos del Señor.

Por otro lado, algunos profetas fueron usados con la palabra de sabiduría, como fue el caso de Agabo. Por esto podemos ver las diversidades de unciones aún en el oficio del profeta.

Usted se da cuenta, por supuesto, que es la palabra de sabiduría operando en el ministerio del profeta la que lo capacita para que él pueda predecir eventos futuros, porque ella trae una revelación de un evento que ocurrirá en el futuro, o acerca de los planes y propósitos de Dios.

Sin embargo, la palabra de sabiduría se manifiesta *solamente como el Espíritu quiere*. Y aunque la predicción de un profeta ocurra, la prueba final de que él es un profeta es que sus profecías estén en línea con la Palabra de Dios (Deuteronomio 13:1–5).

Pero el mayor énfasis del ministerio del profeta en el Nuevo Testamento está en la *proclamación*—en predicar o enseñar la Palabra por expresión inspirada. Aún bajo el Antiguo Pacto, los profetas no siempre profetizaban acerca del futuro. Ella se manifestaba, por supuesto, pero ellos fueron principalmente predicadores—profetas predicadores.

Realmente, si lee sobre los profetas del Antiguo Testamento, encontrará que el ministerio *público* del profeta consistía mayormente en predicar. De hecho, muchas de las manifestaciones sobrenaturales en su ministerio ocurrían privadamente de una manera individual, no a un grupo entero o una congregación de personas.

Encontramos un ejemplo del ministerio del profeta en demostración *privada* en el ministerio de Elías, mientras ministraba a la viuda de Sarepta (1 Reyes 17:9–16). La vasija de aceite y la tinaja de harina se mantuvieron milagrosamente derramando aceite y harina (1 Reyes 17:14). Ese milagro fue hecho en forma privada en la casa de la viuda.

Cuando Naamán fue sanado de lepra, esto no fue hecho en un servicio público. Eliseo ni siquiera salió para ver a Naamán. Él tan sólo envió a su sirviente para que hable la Palabra del Señor a Naamán: *"...ve y lávate siete veces en el Jordán, y tu carne se te restaurará, y serás limpio"* (2 Reyes 5:10). Naamán fue sanado, pero no fue hecho de una manera pública.

Naamán estaba tan agradecido de haber sido sanado, que quiso darle a Eliseo presentes de plata, oro y vestidos. Eliseo se rehusó a recibirlos. Él tenía el suficiente sentido común para saber cuándo aceptar regalos y cuando no; él no tenía una mente enfocada en el dinero.

Pero el siervo de Eliseo, Giezi, corrió detrás de Naamán, le mintió y recibió los presentes. Naamán estaba tan emocionado de haber sido sanado de una enfermedad incurable, que le dio a Giezi el doble de lo que él pidió. Pero por una palabra de conocimiento, Eliseo se enteró de esto y pronunció el juicio del Señor sobre Giezi—la lepra de Naamán.

Todo esto fue hecho privadamente, no públicamente (2 Reyes 5:25–27). Eliseo estuvo en su propia casa; él no hizo esto frente a una congregación de personas.

LOS PROFETAS NO LO SABEN TODO

Hay algo más en este pasaje que quiero que vea acerca del profeta. Los profetas no lo saben todo; sólo saben lo que Dios les revela.

Por ejemplo, Giezi no hubiese seguido a Naamán si hubiese pensado que Eliseo lo sabía todo. Si Eliseo hubiese sabido todo a través de los Dones espirituales, Giezi no hubiese sido tan tonto para tomar la plata y la ropa que ofreció Naamán.

Algunas veces las personas han pensado que, debido a que yo soy un profeta, tengo conocimiento ilimitado sobre ellos. Por ejemplo, ellos han pensado que yo podría darles una palabra del Señor en el momento que yo quisiese. La gente incluso me ha llamado a toda hora del día y de la noche buscando una "palabra" del Señor. Pero la gente necesita darse cuenta de que el Profeta no puede encender o apagar los dones espirituales a voluntad de uno.

La Palabra de Conocimiento Operando *Privadamente* en el Ministerio del Profeta

Podemos ver un ejemplo de la palabra de conocimiento operando en forma *privada* en el ministerio del profeta en este pasaje de Segunda de Reyes. Eliseo le dijo a Giezi, "*... no estaba también allí mi corazón, cuando el hombre volvió de su carro a recibirte?"* (2 Reyes 5:26). Eliseo estaba solo en su casa cuando la palabra de conocimiento vino.

Esta fue una palabra de conocimiento debido a que reveló un hecho específico conocido por Dios—que Giezi tomó la plata y la ropa de Naamán. Esto vino a través del Don de discernimiento de espíritus porque Eliseo lo vio en el ámbito del espíritu.

Esto es lo que Eliseo quiso decir cuando dijo, "mi espíritu estuvo contigo cuando Naamán te recibió junto a su carro y yo vi lo que tú hiciste". Eliseo era un vidente; él vió en el ámbito del espíritu cuando su espíritu fue con Giezi. Pero aún así, estos Dones espirituales estuvieron en operación privadamente. También, Eliseo confrontó a Giezi en privado.

Muchas veces en mi ministerio he tenido experiencias similares a la de Eliseo. El don de discernimiento de espíritus operó junto con la palabra de conocimiento. Los dones espirituales frecuentemente trabajan juntos.

Por ejemplo, algunas veces que me he levantado para predicar, repentinamente en el Espíritu, yo estaba en otro lugar. Físicamente aún estaba predicando en ese púlpito. Pero en el Espíritu, el Señor me llevó a otro lugar porque Él quería mostrarme algo.

Por ejemplo, una vez en la mitad de un sermón, el Señor me tomó por Su Espíritu hacia otro lugar de la ciudad. Yo me encontré parado en la esquina de una calle varias millas más allá. Supe que había sido la noche anterior. Era la palabra de conocimiento en operación porque era un fragmento del conocimiento omnisciente de Dios concerniente a algo en el pasado.

Yo vi a uno de los miembros de mi iglesia, una joven, caminando por la calle y en el Espíritu, vi un hombre manejando un carro. Esta joven subió al carro y de repente en el Espíritu, como si yo estuviera en el asiento de atrás, la pareja se dirigió hacia el campo y cometieron adulterio.

Mi espíritu fue con ellos así como el espíritu de Eliseo fue con Giezi cuando Eliseo dijo, "*...no estaba también allí mi corazón* [espíritu]...?" (2 Reyes 5:26). Dios me mostró esto para protegerme. En ese tiempo yo era soltero, y varios miembros de la iglesia habían tratado de hacer que yo saliese con esa joven.

La palabra de conocimiento, trabajando junto con el discernimiento de espíritus ha ocurrido en mi ministerio más de una vez. Muchas veces que he experimentado esta operación de la palabra de conocimiento, ha sido en forma privada.

Usted se preguntará, "¿Es aquella una experiencia Bíblica?" Absolutamente, como lo vemos aquí en Segunda de Reyes. En el mundo, la gente tiene experiencias espirituales a las que llaman experiencias "fuera–del–cuerpo". Éstas no tienen en lo absoluto ninguna relación con lo que estoy hablando aquí. Aquellas experiencias son una perversión de los genuinos dones del Espíritu en operación.

La operación de los dones espirituales—la palabra de conocimiento y el discernimiento de espíritus—es algo que sucede por el poder del Espíritu Santo. Sólo por el hecho de que el diablo pueda hacer algunas cosas, eso no niega el mover genuino del Espíritu Santo. Tan sólo manténgase con la Palabra. Dios supera cualquier cosa que el diablo está haciendo.

La mayor parte del tiempo los milagros que Dios realizó a través de los profetas del Antiguo Testamento fueron hechos en una base de uno-a-uno. De vez en cuando Dios usó a los profetas públicamente, como en el caso de Elías con los profetas de Baal (1 Reyes 18:17–40).

Como ve, en algunos aspectos tenemos una visión distorsionada del oficio profético. Y algunas personas piensan que cuando no hay una manifestación pública del Espíritu todo el tiempo en el oficio del profeta, eso significa que no están en operación. Pero muchas veces están en operación en forma privada cada día en su ministerio, sólo que él no lo dice públicamente.

Miremos el ministerio de Jesús con la mujer en el pozo. Éste fue un encuentro privado. Él la confrontó privadamente con la palabra de conocimiento cuando dijo, "*...porque cinco maridos has tenido, y el que ahora tienes no es tu marido; esto has dicho con verdad"* (Juan 4:18).

Como ve, el ministerio del profeta no solamente toma lugar en el púlpito. De hecho, probablemente ocurre con más frecuencia en forma privada y en encuentros de uno-a-uno con la gente.

Déjeme darle un ejemplo de la palabra de conocimiento operando *públicamente* en mi ministerio. Muy frecuentemente la palabra de conocimiento puede ser usada en el ministerio del profeta para traer un pecador al arrepentimiento como en el ministerio de Jesús a la mujer en el pozo.

Yo estaba sosteniendo una reunión en Texas, y mientras daba el llamado al altar, de repente el Espíritu de Dios vino sobre mi. Había un hombre alto parado al fondo de la iglesia y el Espíritu Santo me dijo que lo ministre proféticamente.

Le pedí que saliera al pasillo. Yo no tenía idea de lo que iba a hacer o de lo que iba a decir. Si la unción del Espíritu Santo se hubiese ido en ese instante, yo me hubiese hundido. No tenía ni idea de qué decirle.

Pero entonces bajo la inspiración del Espíritu, me hallé a mí mismo diciendo estas palabras: "Bueno, voy a ir esta noche, pero quiero que sepas que no creo en ese tipo que está predicando allí. Él es una farsa—imponiendo manos sobre la gente y haciendo que caigan. ¡Él tan sólo los está hipnotizando! ¡Es lo que él está haciendo! ¡Tan sólo voy a ir para complacerte, y ésta es la única razón por la que estoy yendo! ¡Yo no creo en nada de eso!"

Después le dije a este hombre, "Usted dijo estas palabras a su esposa antes de venir a la iglesia esta noche".

Después, bajo la unción del Espíritu Santo comencé a citar otras palabras que él había dicho, y mientras yo estaba hablando, ¡este hombre corrió por el pasillo y vino hasta el altar! ¡Él debió haber sido salvo mientras corría por el pasillo, porque cuando llegó al altar ya estaba hablando en lenguas!

Pero quiero que note algo acerca de la forma Bíblico del uso de la palabra de conocimiento en el oficio profético. Esta palabra de conocimiento fue para traer un pecador al arrepentimiento—fue para la gloria de Dios. ¡No tenía nada que ver con algo tan inconsecuente como lo que alguien tenía en su bolsillo!

Sin embargo, el ministerio principal del profeta en público aún es el predicar o enseñar la Palabra de Dios a la gente bajo la inspiración del Espíritu Santo. Eso es cierto tanto como para los profetas del Antiguo como para los del Nuevo Testamento.

LA PALABRA DE SABIDURÍA EN EL MINISTERIO DEL PROFETA

En el Nuevo Testamento tenemos dos ejemplos Bíblicos de la palabra de sabiduría operando en el ministerio del profeta mientras él predice eventos futuros. Estos ejemplos ocurrieron en el ministerio de Agabo.

HECHOS 11:28
28 Dándose uno de ellos llamado Agabo, daba a entender por el espíritu, que vendría una gran hambre en toda la tierra habitada; la cual sucedió en tiempo de Claudio.

En Hechos 11, Agabo profetizó acerca de una hambruna que vendría. Su revelación predijo de manera exacta un evento futuro, pero no añadió ninguna doctrina adicional al Nuevo Testamento. Agabo no estaba en la misma clase que un profeta fundacional.

Asimismo, la palabra que Agabo trajo no proveyó dirección o guía a la Iglesia, excepto que preparó a los creyentes para lo que vendría. Él no estaba profetizando acerca de qué doctrinas debían ser predicadas ni que la gente se sometiese a su ministerio.

Hechos 21 también muestra que Agabo estuvo en el oficio del Profeta haciendo predicciones.

HECHOS 21:10–11
10 Y permaneciendo nosotros allí algunos días, descendió de Judea un Profeta llamado Agabo.
11 Quien viniendo a vernos, tomo el cinto de Pablo, y atándose los pies nos dijo: esto dice el Espíritu Santo, así atarán los judíos en Jerusalén alvarón de quien es este cinto, y lo entregarán en manos de los gentiles.

Agabo dio una palabra de sabiduría, la cual había recibido del Espíritu Santo. Le dijo a Pablo lo que le sucedería en Jerusalén. No sabemos realmente si Agabo trajo esta palabra de sabiduría a Pablo *espontáneamente* a través del vehículo de la profecía. Pero al usar la expresión "Así dice el Espíritu Santo", Agabo pudo haber estado reportando lo que el Espíritu Santo le había dicho previamente.

A través del oficio del profeta, Dios a veces le dice a la gente lo que va a suceder para ayudarlos a prepararse para las cosas que vienen. Pero note que Agabo no estaba diciendo a Pablo que fuese o no a Jerusalén.

En otras palabras, Agabo no le estaba dando a Pablo guía o dirección sobre lo que Pablo debía hacer. Agabo estaba solamente reportando lo que Pablo encontraría si iba a Jerusalén. Pablo tuvo que tomar su propia decisión acerca de ir a Jerusalén.

De hecho, el Espíritu Santo solamente testificó o confirmó lo que ocurriría si Pablo iba a Jerusalén. Vemos en Hechos 20:22–23 que pareciera que Pablo ya estaba al tanto de esto personalmente por el Espíritu Santo. En mi propio ministerio profético, yo le digo a la gente todo el tiempo de que cualquier profecía personal que viene a través de mí debe dar testimonio interior con sus propios espíritus.

La Operación Privada y Pública de la Palabra de Sabiduría

En mi ministerio como profeta, Dios algunas veces me ha usado para predecir ciertos eventos futuros a través de la palabra de sabiduría—muchas veces en forma privada y ocasionalmente en forma pública.

Sin embargo, mi principal ministerio como profeta es predicar y enseñar la Palabra de Dios. Según el Espíritu quiere, éstas otras manifestaciones ocurren. Pero yo nunca busco una visión o busco oír algo del Señor; éstas manifestaciones sobrenaturales ocurren espontáneamente como el Espíritu Santo quiere.

Los Dones de Revelación en Operación *Privada* para Advertir a la Gente

Hay tiempos en los que Dios va a revelarle a un profeta algo que va a ocurrir para que el profeta pueda prevenir a la gente involucrada. Por ejemplo, en los días de *La Voz De La Sanidad*, fui a ver a un ministro que tenía una gran carpa donde entraban miles. Tal cantidad de gente no era común en aquellos días.

Este ministro me mostró su carpa y cuando terminamos de hablar, me fui a mi carro. Mientras iba, el Espíritu de Dios me dijo, "Ve y dile que él no vivirá mucho a menos que se juzgue a sí mismo en tres áreas. Número uno, en el dinero".

Este hombre había usado la manifestación de los dones espirituales en su ministerio para obtener dinero. Esto *no* solamente no es Bíblico; no es ético. Aquellos llamados al Ministerio, incluyendo los Profetas, necesitan ser muy cuidadosos con respecto al dinero. Los Ministros no deberían estar allí por el dinero. Ellos no pueden usar el Ministerio para obtener dinero para ellos mismos. Algunos sujetos en nuestros días están coqueteando con el desastre en esta área y están al borde de él.

Después el Señor me dijo "Número dos, dile que necesita juzgarse a sí mismo en el amor. Él no está caminando en amor con los otros ministros". Este hombre despreciaba a otros ministros sin dudarlo si éstos se le cruzaban en el camino.

Luego Jesús dijo, "Número tres, dile que se juzgue a sí mismo en su dieta". Este ministro parecía que no ejercitaba ningún control en sus hábitos alimenticios.

Aquí nuevamente vemos una manifestación privada de los dones del Espíritu operando en el oficio del profeta. Probablemente el 90% del tiempo se manifiesta el ministerio del profeta privadamente. Algunas veces el Señor instruirá al profeta para ir y decirle a una persona lo que el Señor le ha mostrado, pero otras veces no.

En esta oportunidad el Señor me dijo que vaya y le diga a ese hombre lo que Él había dicho. Yo comencé a salir de mi carro para hablar con él, pero en ese instante alguien más comenzó a hablarle. Regresé y me senté en mi carro, y luego mi razonamiento humano tomó el mando.

Yo comencé a pensar, *De todos modos, él no me va a escuchar.* Y mientras yo estaba allí sentado razonando, el Ministro al que se supone que debía hablarle subió a su carro y se fue. Ya no tuve ninguna otra oportunidad para decirle lo que el Señor me había mostrado.

Después de unos tres años y medio, yo estaba en una convención de *La Voz De Sanidad.* Allí nos dijeron que este ministro se estaba muriendo. El hermano Lindsay invitó a todos los ministros que estaban presentes para venir a la plataforma ponerse de acuerdo en oración para la sanidad de este hombre.

Yo empecé a subir hacia la plataforma cuando el Espíritu de Dios me dijo, "No subas".

Yo me quede inmóvil y pregunté, "¿Por qué no?"

Él me dijo, "Porque él va a morir".

Y yo le pregunté, "¿Por qué va a morir?"

El Espíritu Santo dijo, "Porque él no se juzgó a sí mismo y no caminó en amor con otros ministros. Yo lo juzgué y lo entregué a Satanás para la destrucción de la carne, para que su espíritu pueda ser salvo en el día del Señor Jesús" (Primera de Corintios 5:5).

Así que yo me volví y fui a la parte de atrás del auditorio. Poco tiempo después ese ministro murió así tal como el Señor me había dicho.

Otro ejemplo de predicción privada ocurrió en mi ministerio en enero de 1964. Muchos de nosotros habíamos ido a un restaurante. Estábamos sentados a la mesa esperando para hacer el pedido, cuando el Espíritu del Señor vino sobre mí. Yo le dije a uno de nuestros miembros de junta que estaba allí, "Tengo que ir a orar, tengo que ir a orar ahora".

Nos levantamos y fuimos a mi habitación del hotel y comenzamos a orar. Y entonces la palabra de sabiduría comenzó a operar a través de la profecía. Yo profeticé por dos horas. Nunca había tenido una unción como esa. Parecía como si hubiesen habido dos de mí, pues yo estaba allí sentado escuchándome profetizar.

En todos estos años de ministerio, experiencias como ésta sólo me han ocurrido dos veces. Como ve, estas cosas suceden como el Espíritu Santo quiere. En aquella profecía en el cuarto de hotel, el Señor nos llevó a través de seis años y nos dijo las cosas que vendrían. Él nos dijo lo que ocurriría en Vietnam y algunas cosas que iban a suceder en nuestro gobierno.

En esa profecía el Señor también dijo, "Al final del año '65, aquél que está al frente del ministerio de sanidad como un profeta va a ser sacado del camino. Él dará un paso en falso y Satanás destruirá su vida, pero su espíritu será salvo y sus obras lo seguirán. El año '66 llegará y él ya se habrá ido".

Yo tomé aquella profecía y la llevé al hermano Lindsay porque es bíblico hacer que otros hombres espirituales juzguen profecías. Nunca la hice pública. Los profetas cometen un error al hacer públicas algunas de estas cosas.

El 27 de diciembre de 1965 mi esposa estaba en el salón de belleza y llamó a casa para decir que este ministro, que era el profeta destacado en ese tiempo, había estado en un accidente de automóvil. Él estaba inconsciente y los doctores decían que ya no iba a recuperar la conciencia.

Yo le dije, "No va servir de nada el orar. Él va a morir dentro de dos o tres días". Yo dije eso porque recordé lo que el Señor me había dicho en aquella profecía. Luego el Señor me explicó, "Tuve que permitir que él fuera removido por el daño que estaba causando en el Cuerpo de Cristo".

Dos días después el hermano Lindsay me llamó y me dijo "hermano Hagin, el hermano al que te referiste acaba de morir. Yo busque esa profecía que el Señor nos dio hace dieciocho meses y la leí. Es correcta".

El hermano Lindsay relató una experiencia que había tenido con ese profeta. Me dijo, "Yo le dije, 'Tú no eres un maestro, así que no trates de enseñar'". Él era un predicador y era muy bueno en ellos, y tenía maravillosas manifestaciones del Espíritu Santo en su ministerio.

El hermano Lindsay dijo, "Yo le rogué que no enseñara. Le dije, 'Tú no conoces la Biblia, y estás confundiendo a la gente. Deja la enseñanza Bíblica a los maestros. Tan sólo sigue adelante y predica y ejercita la palabra de conocimiento y los dones de sanidades según el Espíritu quiere, y sé una bendición al Cuerpo de Cristo' ".

Este profeta le dijo al hermano Lindsay, "Yo sé que no soy maestro, pero quiero enseñar. ¡Y voy a enseñar!".

Es peligroso entremeterse en un oficio ministerial al cual no ha sido llamado. En el Antiguo Testamento, si alguien se entremetía en el Lugar Santo que estaba reservado para aquellos que ocupaban ciertos oficios, instantáneamente caía muerto. Bajo la gracia, la gente en desobediencia puede durar por un tiempo. Pero tarde o temprano, aquellos que se ponen en oficios ministeriales a los que no han sido llamados serán juzgados.

Muchas veces algunos ven a alguien ministrar en el oficio del profeta, y dicen, "Yo profetizo, así que yo también puedo estar en el oficio del profeta". Pero no pueden. Si ellos mantienen el don de la profecía en el ámbito que debe estar—como profecía simple para edificación, exhortación y consolación—van a estar bien. Si no, se van a meter en problemas.

Es peligroso entremeterse en el oficio de otro hombre. Y realmente el Cuerpo de Cristo no ha tenido el respeto y la reverencia que debería tener para los ministerios, dones y manifestaciones del Espíritu. Tratamos las cosas de Dios demasiado ligeramente.

Después el hermano Lindsay me relató algo más sobre lo que había ocurrido con este mismo profeta. Él me dijo, "Este año pasado, yo estuve orando con mi esposa y con la hermana Schrader acerca de la obra del ministerio". (La hermana Schrader era una profetiza que acaba de irse a estar con el Señor).

"Estábamos orando acerca de diferentes proyectos en nuestro ministerio. Justo en el medio de la oración, la hermana Schrader dijo, 'Ve y advierte al Hermano _________ (y dio el nombre de este ministro), ¡él va a morir!' ".

El hermano Lindsay dijo, "Yo estaba ocupado y dejé que eso pasara, y no fui a advertirlo como se suponía que debía hacer. Después, mi esposa, yo y la hermana Schrader estábamos otra vez orando por los proyectos del ministerio. Otra vez la hermana Schrader interrumpió en medio de la oración, y dijo 'Ve donde el hermano __________ (y dio el nombre del ministro). Él va a morir. Él está andando por el mismo camino de Dowie".

Aquí hay algo acerca del oficio del profeta que deseo que entienda. Algunas veces cuando un profeta habla por la unción del Espíritu, puede parecer ilógico. Puede ser que interrumpa lo que está sucediendo porque viene espontáneamente del Espíritu Santo.

En otras palabras, cuando la hermana Schrader dijo esto acerca de este profeta, no tenía ninguna relación con lo que ellos estaban orando. No parecía que encajara con lo que estaba ocurriendo, pero el Espíritu Santo tenía algo que quería comunicarles.

El hermano Lindsay dijo, "Hice unas llamadas para ver si podía localizar a este ministro y finalmente supe que estaba teniendo una reunión. Lo llamé y hablé con él personalmente. Yo le dije, 'tengo algo importante que hablar contigo. Quiero volar y hablar contigo en persona. ¿Vas a estar ahí?' ".

Este Ministro le aseguró a hermano Lindsay diciendo, "Sí, voy a estar allí en tres días".

El hermano Lindsay me dijo, "Yo volé hasta allí, y cuando llegué, él ya se había ido. Algunas personas habían venido y querían que él fuese a cazar con ellos a las montañas. Así que él fue con ellos e iba a estar de regreso en tres días. Yo no podía sentarme allí y esperarlo por tres días, así que me tuve que ir".

El hermano Lindsay dijo, "Más tarde, ese mismo año, mi esposa yo y la hermana Schrader estábamos orando otra vez y la hermana Schrader comenzó a hablar otra vez en medio de la oración sobre este mismo profeta, 'Ve y advierte al hermano _________ (y dio el nombre de este ministro), él está andando por el camino de Dowie. Él va morir. ¡Ve ahora!"

"Así que averigüé que él estaba en una reunión y me enteré que iba a estar allí muchos días. Volé hacia la ciudad más cercana, alquilé un carro y manejé hasta esa ciudad donde estaba predicando".

"Después de su reunión de la mañana", dijo el hermano Lindsay, "hablé con él según el Señor me había instruido, pero vi que él no me escuchaba: Me dije a mí mismo, *Bueno entonces él va a tener que morir.* Y después de no mucho tiempo el murió".

Eso es desafortunado y no es lo mejor. Pero sucede a veces cuando los que están en el ministerio no se juzgan a sí mismos y no son enseñables.

Cuando el Señor me dijo que hablase a ese ministro que mencioné, le dije que iba a morir si no se juzgaba a sí mismo—él hubiese cambiado todo si es que se hubiese juzgado. Él no tenía que morir si tan sólo hubiese juzgado el pecado en su vida. Algunas veces las cosas pueden cambiar; algunas veces no. Dios lo sabe.

Aquí hay otra cosa. Hay un principio involucrado aquí. Sea cuidadoso en cuanto a quién sigue espiritualmente. ¿Qué es lo que la profecía quería decir cuando dijo, "él está andando en el camino de Dowie?" La hermana Schrader ni siquiera sabía lo que eso significaba; ella no había conocido a Dowie.

Este profeta había proclamado que él era el Elías que vendría, y que él era el mensajero del Pacto. ¡Pero Jesús es el mensajero del Pacto!

Dowie había proclamado lo mismo. Yo leí uno de sus sermones en el que él proclamaba, "Yo soy el Elías número tres". Este profeta que murió también había dicho que él era Elías. Eso es lo que el Señor quiso decir cuando dijo que él estaba andando por el camino de Dowie".

Sea cuidadoso con lo que lee. Sea cuidadoso de a quién sigue espiritualmente. Asegúrese que está siguiendo a ministros del Evangelio que solamente siguen a Cristo. Asegúrese que ellos están plantados y arraigados en la Palabra de Dios.

Yo podría darle otros ejemplos de aquellos que cayeron en el mismo error doctrinal en el que cayó aquel a quien estudiaron extensivamente. Ellos tomaron el mismo tipo de ministerio, o el mismo espíritu, por decirlo así, que el de la otra persona.

Eso puede ser bueno o malo dependiendo a que espíritu este ministro se cede—al Espíritu Santo o a espíritus malos.

De una forma u otra, a quien quiera que usted siga espiritualmente, o que estudia extensamente, "la unción" de esa persona será parte de usted. Cualquiera que sea el espíritu que esté involucrado con ellos, va a estar involucrado con usted.

Si usted se alimenta de sus enseñanzas considerablemente y ellos están en error doctrinal, usted puede ser tomado por el mismo espíritu y el mismo error. Si una persona está en error doctrinal, está siendo motivada por otros espíritus que no son el Espíritu Santo.

Tan sólo siga a Dios, a Jesús, al Espíritu Santo; y sea plantado y arraigado en la Palabra de Dios por usted mismo. Usted puede leer acerca de otros, por supuesto, pero no tome el mismo espíritu que ellos tienen si es que no están caminando bíblicamente a la luz de la Palabra de Dios.

Estos son ejemplos de predicciones a través de la palabra de sabiduría en el oficio del profeta para que *privadamente* adviertan a alguien. También, la palabra de sabiduría ocasionalmente opera a través de un profeta en *público* para preparar a la gente acerca de lo que está por venir.

Sin embargo, tenga en mente que el principal énfasis del profeta del Nuevo Testamento va a ser el proclamar—la predicación o la enseñanza de la Palabra de Dios.

Capítulo 10

Dios no Pone a Neófitos en Posiciones de Autoridad

La gente algunas veces hace la pregunta, "¿Por qué llamamos a los pastores por su título y no hacemos lo mismo con los otros cuatro dones del ministerio?" Cuando yo comencé a frecuentar los círculos pentecostales en 1937, en nuestra parte del país muy frecuentemente llamábamos a los ministros por su título u oficio. Por ejemplo, decíamos, "el profeta fulano de tal".

Ya no hacemos eso tanto hoy en día, y en cierta forma da la impresión de que aquellos oficios no más continúan en funcionamiento en el Cuerpo de Cristo. Incluso en nuestros días si usamos títulos ministeriales sin ninguna enseñanza bíblica al respecto, algunas personas invariablemente van a caer en la zanja y meterse en problemas. Yo nunca quise que me llamen profeta porque no quería ser clasificado con los falsos. Algunos me preguntan lo que es un falso profeta. En primer lugar, un falso profeta es alguien que está tratando de operar en ese oficio cuando no ha sido llamado a él.

Incluso si alguien es un verdadero profeta, no siempre es sabio usar títulos porque como dije, la gente se deja llevar por ellos. Aparte de esto, el ministerio no consiste en nombres y títulos. Consiste en poder y demostración del Espíritu Santo. No debería importarnos cómo la gente nos llama o no nos llama. Deberíamos tan sólo querer obedecer a Dios.

Lo que *es* importante es que la gente esté en el ministerio al que han sido llamados en el poder del Espíritu Santo y que su ministerio esté basado sólidamente en la Palabra de Dios. Necesitamos todos los ministerios que Dios ha puesto en el Cuerpo de Cristo, no importando qué *etiquetas* les pongamos.

Algunos que usan el título "profeta" hoy en día son un poco más que novatos o principiantes en el ministerio. La gente necesita entender que Dios no va a poner un neófito en aquél oficio. Él va a probar al ministro primero antes que lo ponga en algún oficio ministerial. Y muchos sujetos nunca entran en la plenitud de su verdadero llamado o ministerio en Dios porque son demasiado infieles en lo poco que Dios les ha dado para que hagan.

Jesús me dijo algo acerca de esto una vez, y se ha vuelto con el tiempo más real para mí. Él dijo, "El crecimiento espiritual es similar al crecimiento natural".

Por ejemplo, usted conocía algunas cosas como un adolescente y tenía cierta responsabilidad. Pero fue diferente cuando creció y comenzó a ser completamente responsable como un adulto. Lo mismo ocurre espiritualmente.

Aquellos a quienes Dios llama al Ministerio usualmente no entran en el oficio de una vez. Los creyentes normalmente no empiezan en el ministerio que Dios eventualmente tiene para ellos. Existen algunas excepciones a esto, pero como una regla general esto es verdad.

Vemos algunas referencias de esto en las Escrituras en el ministerio de Pablo. Pablo no empezó en el último ministerio que Dios tenía para él, el cual fue el ministerio apostólico. Él fue un profeta y un maestro por muchos años antes que Dios lo separase para obra mayor del ministerio apostólico (Hechos 13:1–2).

Si usted está llamado al ministerio, no piense que va a ser la excepción a la regla. No, Dios va a tener que probarlo antes de que lo ponga en el oficio que tiene para usted.

Por ejemplo, si Dios le ha llamado a que pastoree una Iglesia, usted podría eventualmente pastorear una Iglesia de cuatro mil, pero no podría empezar allí. Usted tendría que empezar con una congregación de cuatro o de cuarenta y edificarla hasta llegar a cuatrocientas personas. De hecho, no estaría calificado para pastorear una Iglesia de cuatro mil cuando recién empieza en el ministerio.

Lo mismo sucede con el evangelista. Podría ser que empiece predicando tan sólo a algunas pocas personas como hice en las cárceles. Los maestros puede que tengan que empezar enseñando en reuniones en casas. Y puede ser que ellos nunca se desarrollen más allá de esta etapa porque éste es todo el llamado que Dios tiene para ellos—es el último llamado que Dios tiene para ellos.

Pero el punto es, que todo aquel que es llamado a uno de los cinco dones del ministerio, debe probarse a sí mismo fiel allí donde se encuentra antes que Dios pueda usarlo en un grado mayor. Dios no puede incrementar la unción en una persona si es que ésta no es fiel en lo que Dios ya le ha dicho que haga.

La gente normalmente no empieza en el último ministerio que Dios tiene para ellos porque hay un entrenamiento y un tiempo de prueba en Dios. Debido a que el crecimiento espiritual es similar al crecimiento natural, una persona necesita crecer y madurar tanto naturalmente y espiritualmente antes que Dios lo ponga en un oficio ministerial porque los oficios ministeriales conllevan una gran responsabilidad.

Dios no pone neófitos, aquellos que no están entrenados y que son inmaduros en las cosas espirituales en posiciones de autoridad (1Timoteo 3:6).

FASES DEL MINISTERIO

Por ejemplo, en mi propia vida, Dios no me puso inmediatamente en el oficio del profeta. De hecho, yo había estado en el ministerio más de quince años antes de que estuviese en el oficio del profeta.

Por supuesto, toda mi vida sentí el llamado a predicar. Y después de nacer de nuevo postrado en mi cama enfermo, dije, "Señor levántame de aquí e iré a predicar". Yo sabía que había sido llamado al ministerio. Yo dejé aquella cama predicando y por años ungido solamente para predicar. Desde 1934 hasta junio de 1943—9 años—yo fui estrictamente un predicador.

En los primeros días de mi ministerio, no me gustaba enseñar. Sin embargo, como pastor, yo tenía que enseñar la clase bíblica para adultos. Pero siempre estaba muy contento cuando terminaba porque podía predicar otra vez. Yo pensaba que no estaba ungido si es que al hablar no movía mis brazos como un molino de viento que escupía algodón.

Pero en Junio de 1943, a las tres de la tarde, el Señor dejó caer el don de la enseñanza en mi espíritu. Efesios 4:7 dice, "*... pero a cada uno de nosotros fue dada la gracia conforme a la medida del don de Cristo*".

Recuerde que en el Antiguo Testamento Dios le dijo al profeta Elías que ungiese a Eliseo para que sea profeta "en su lugar" o en vez de él (Primera de Reyes 19:16). Elías pasó junto a Eliseo y arrojó su manto sobre él.

El manto fue una cubierta externa que simbolizaba la unción de Dios viniendo sobre una persona para que estuviese en un oficio en particular o para que realizara una tarea en particular o una función para Dios.

Mientras estaba cruzando el cuarto esa tarde, el manto de la enseñanza cayó sobre mí. Parecía como si alguien hubiese dejado caer una cubierta sobre mí, primero en el exterior y luego ingresó dentro de mí en mi espíritu. Yo supe exactamente lo que había ocurrido. Dios me dio la habilidad para enseñar. Y dije en voz alta, "Ahora puedo enseñar".

Pero yo no fui por allí hablándole a la gente de mi experiencia, diciendo, "yo tengo el don de enseñanza. Soy un maestro".

Llegue a ser lo que Dios le llamó a ser primero, y entonces la gente verá la unción de Dios sobre usted. El equipo espiritual operando en su vida demostrará aquello que es llamado a hacer. Y no va a tener que publicitarlo tampoco. Va a ser prontamente notorio a todos el oficio en el cual está.

Así que yo fui un predicador y después un maestro de la Palabra, y pastoreé por casi doce años. Pero aún no estaba en el oficio del profeta. Ocasionalmente la palabra de sabiduría se manifestaba a través mío. Yo interpretaba lenguas, pero no profetizaba.

La palabra de conocimiento comenzó a operar en mi vida consistentemente cuando fui bautizado en el Espíritu Santo. Pero yo no la hacía operar; ella operaba según el Espíritu quería. Pero aún eso no me hacía un profeta.

La palabra de conocimiento fue una gran bendición para mí como pastor. Muchas veces cuando estaba pastoreando, minutos antes que un miembro de la Iglesia entrara al estacionamiento, por la palabra de conocimiento yo le decía a mi esposa quién iba a entrar por la puerta, por qué estaba viniendo, y cuál fue su necesidad. Minutos después esa persona entraba y comenzaba a hablar exactamente lo mismo que el Señor me había mostrado.

Aquello no sucedía todos los días, pero ocurría consistentemente—casi cada semana. Y si algunos de los miembros de mi Iglesia se metía en problemas, yo lo sabía inmediatamente por el Espíritu de Dios. La palabra de conocimiento debería de operar en la vida de cada pastor. Yo pienso que sería así si los pastores supieran como ser más sensibles al Espíritu Santo y cómo cederse a Él. Pero incluso ello tampoco los haría profetas.

Lo que usualmente sucede es que la palabra de conocimiento opera ocasionalmente en la vida de alguien, y después trata de hacer que opere cuando quiere para hacer que algo suceda. Y cuando hace eso, inconscientemente empieza a cederse a los espíritus incorrectos, y se mete en problemas espiritualmente.

Pero aún cuando la palabra de conocimiento operaba en mi vida en una consistente base, yo no entré en el oficio del profeta hasta 1952.

Realmente, en 1950 Jesús se me apareció y me dijo esto: "Cuando dejaste tu última Iglesia, en ese tiempo, entraste en la primera fase del ministerio que yo tenía para ti".

Yo le respondí "¿Quieres decir que yo recién estoy entrando a la primera fase después de haber estado en el ministerio por quince años?"

Jesús dijo "Sí".

Después Él hizo este comentario: "Algunos ministros viven y mueren y nunca entran a la primera fase del ministerio que Yo tengo para ellos. Esta es la razón porque la que muchos de ellos, no todos, pero muchos de ellos mueren jóvenes y no completan sus días aquí".

Jesús explicó que si usted no está en la voluntad de Dios, en cierta forma está en desobediencia. Y cuando está en desobediencia, Satanás lo puede atacar. Él tiene el derecho para atacarlo cuando usted está en desobediencia, porque está en su territorio.

¡Yo he experimentado la diferencia entre estar en la perfecta voluntad de Dios y estar tan solamente en Su voluntad permisiva! ¡Su voluntad perfecta es mucho mejor!

Por supuesto que habrán pruebas y dificultades mientras estemos aquí en la tierra. Pero si usted está en la perfecta voluntad de Dios, Él lo va a sacar de cada una de ellas.

Si usted no está en la perfecta voluntad de Dios, está abriendo una puerta al diablo. Y va a tener que arrepentirse y obedecer a Dios antes de que Él pueda moverse a su favor como Él desea. Es mucho mejor estar en la perfecta voluntad de Dios.

De todas formas, en 1952 Jesús se me apareció en una visión y dijo, "Desde hoy en adelante lo que es conocido en Mi Palabra como discernimiento de espíritus va a operar en tu vida y en tu ministerio cuando estés en el Espíritu".

Cuando yo recibí el don de discernimiento de espíritus, yo pude ver y oír en el ámbito del espíritu *cuando estaba en el Espíritu.* Entonces dos dones de revelación—el discernimiento de espíritus y la palabra de conocimiento—operaron en mi vida consistentemente además de la profecía.

¿Operaban ellos cada día o cada semana? No necesariamente. ¿En cada servicio? No, era según el Espíritu Santo quería (1 Corintios 12:11). Pero fue en ese entonces que entré en el oficio del profeta.

Pero como ve, el punto al que estoy tratando de llegar es que Dios no pone a aquellos que ha llamado al ministerio a tiempo completo en dichos oficios ministeriales de la noche a la mañana. Cuando Jesús se me apareció en 1952 y el don del discernimiento de espíritus comenzó a operar en mi ministerio y yo entré en el oficio profético, yo había estado en el ministerio más de quince años. Incluso yo no estuve en ese oficio públicamente hasta 1953.

Pero incluso no hice público que estaba en el oficio del profeta, y tampoco lo menciono mucho hoy. Una persona que tiene que publicar su llamado, no tiene mucho.

Es correcto que anuncie sus reuniones, por supuesto, y dejar saber a la gente que está en la ciudad. Pero si está llamado al oficio del profeta, no tiene que anunciarlo por toda la ciudad. La gente pronto se va a dar cuenta si usted realmente ha sido llamado a ese oficio por el equipamiento sobrenatural que opera a través suyo.

¡Los neófitos se meten en problemas cuando van por allí y comienzan a decir a todos que son llamados a cierto oficio ministerial cuando nunca han operado en ese oficio o cuando recién son unos principiantes en él!

Como dice el viejo dicho, "La prueba del pudín está en comerlo". ¿Es usted primero y principalmente un predicador o un maestro de la Palabra? ¿Ocurren sus profecías? ¿Se alinean ellas con la Palabra de Dios? ¿Es usted enseñable y fácil de tratar? ¿O usted causa conflictos y problemas donde quiera que vaya y lo corren de todas la Iglesias donde va a predicar?

Éstas son las verdaderas pruebas para su ministerio. Deje que su ministerio sea probado primero. La Biblia dice, "... *cada uno someta a prueba su propia obra, y entonces tendrá motivo de gloriarse solo respecto de si mismo, y no en otro..."* (Gálatas 6:4).

Que los dones del Espíritu operen en usted ocasionalmente no hace que sea un profeta. Cualquier creyente lleno del Espíritu puede tener ocasionalmente la manifestación de los dones de revelación cuando esto sea necesario. Después de todo, el Espíritu Santo está en los creyentes, y Él se manifiesta a Sí mismo a través de los dones del Espíritu para suplir las necesidades de la gente.

Existe una gran diferencia entre una manifestación ocasional de un don de revelación, y una persona que ha sido llamada a un oficio de los cinco dones del *ministerio* a través de la cual los dones espirituales operan en una *más consistente base.* Es aquí donde algunas personas se equivocan hoy en día.

Por supuesto, la Biblia anima a todos los creyentes a desear que profeticen. Primera de Corintios 14:31 dice, "*...porque podéis profetizar todos uno por uno...*". Pero los dones de revelación—palabra de conocimiento—palabra de sabiduría – discernimiento de espíritus—no se manifiestan en el simple don de profecía.

Por ejemplo, en Hechos 21:9 dice que Felipe tenía cuatro hijas "que profetizaban". Pero ellas no estaban en el oficio del profeta sólo por el hecho de que profetizaran.

Algunas personas ven a un profeta operar en algunas de las más espectaculares demostraciones de los dones del Espíritu, y piensan que ellos pueden hacer lo mismo. Entonces ellos tratan de profetizar usando los dones de revelación, y terminan profetizando en la carne o inspirados por poderes ocultos.

Los que son llamados al oficio del profeta son llamados al ministerio a tiempo completo. Ellos son llamados y apartados por *Dios* para el ministerio. Ellos no pueden llamarse a sí mismos o ponerse ellos mismos en un oficio ministerial.

NO HAY PROFETAS EN LOS LAICOS

Como ve, es por esto que no hay profetas entre los que nosotros llamamos "laicos". Aquellos que están como laicos no están equipados espiritualmente ni tienen la unción para estar en un oficio ministerial.

Algunas personas laicas pretenden ser profetas, pero no lo son. No pueden serlo, porque éste es un *oficio* ministerial, equipado sobrenaturalmente por Dios con *talentos o dones espirituales*. Solamente Dios puede equipar una persona con Sus dones espirituales y ponerla en un oficio ministerial.

Los oficios ministeriales son para aquellos llamados al ministerio a tiempo completo. El profeta es un don del ministerio al Cuerpo de Cristo. Por supuesto, una persona llamada al ministerio puede estar en más de un oficio, siempre y cuando sea llamado por Dios y equipado por el Espíritu Santo.

Sin embargo, los Pastores normalmente no son llamados al oficio del Profeta por diversas razones. Primero, no existe un registro en la Biblia de un Pastor que también haya sido Profeta.

Segundo, el ministerio del profeta parece ser más un ministerio itinerante, como el ministerio del evangelista. Por ejemplo, en el Antiguo Testamento, el profeta Samuel enseñaba en un circuito (Primera de Samuel 7:16) y viajaba de un lugar a otro.

Tercero, cuando un pastor es llamado al oficio pastoral, ése es su primer llamado o ministerio. Usted entiende que según la necesidad se presente, Dios podría mover a un pastor hacia el ministerio profético a veces temporalmente para ministrar. Pero ése no sería su llamado principal. El ministerio pastoral es su primera prioridad.

Los pastores pueden operar incluso algunas veces en los dones de revelación, pero eso no los hace profetas. Y Dios puede algunas veces temporalmente poner a alguien que más adelante va a estar en el oficio profético en un oficio pastoral como parte de su entrenamiento, como lo hizo conmigo.

El oficio del profeta es un oficio diferente, equipado con una más *consistente* manifestación de los dones de revelación del Espíritu. Y éste podría ser el ministerio principal de una persona, así como el pastorear es el principal ministerio del pastor.

Deje que Dios lo Coloque en su Lugar en el Cuerpo de Cristo

Si usted piensa que Dios lo ha llamado a un oficio ministerial, incluso al oficio del profeta, deje que *Él* lo ponga en ese oficio. Y usted no entraría allí inmediatamente de todas formas. No estaría preparado para él, y harías que fuese un caos si tratara de ponerse a usted mismo en ese oficio. Pero Dios añadirá a su madurez espiritual un poquito aquí y un poquito allá según Él lo vea conveniente.

Si Dios *quiere* ponerlo en el oficio del profeta, deje que *Él* lo haga. Mientras usted sea fiel en hacer lo que Él le ha dado mientras está madurando espiritualmente, eventualmente, cuando vea que puede confiar en usted, Él lo pondrá en aquel oficio.

Si usted es un neófito en las cosas espirituales, tan sólo sea fiel en hacer lo que Dios le llamó a hacer *hoy día.* Sea diligente y "*procura con diligencia presentarte a Dios aprobado, como obrero que no tiene de qué avergonzarse, que usa bien la palabra de verdad*" (2 Timoteo 2:15).

Hubo una razón por la que el Espíritu de Dios dijo a través del apóstol Pablo que no se pusiese a un novato en un oficio. Un neófito muy fácilmente se levante en orgullo, y esto abre una puerta al diablo: "*...no sea que envaneciéndose caiga en la condenación del diablo*" (1Timoteo 3:6).

Muchos neófitos han tratado de entrar por sí mismos al oficio del profeta. Muchos se levantaron en orgullo cuando Satanás los tentó, y sus vidas y sus ministerios fueron destruidos. Algunos probablemente sintieron el llamado de Dios en sus espíritus para el oficio profético, pero en vez de esperar en Dios para que Él los coloque en ese oficio, ellos trataron de lanzarse por sí mismos.

También, el Cuerpo de Cristo necesita darse cuenta que ministrar en el oficio del profeta conlleva una asombrosa responsabilidad; ésta es una razón por la que no es para neófitos.

Algunos dicen, "*Me* gustaría poder operar en el oficio del profeta". ¡Oh Señor! Si ellos realmente tuviesen la oportunidad, probablemente no lo desearían debido a que esto conlleva una tremenda responsabilidad.

Por ejemplo, es una responsabilidad asombrosa mirar a una congregación y por los dones del Espíritu ver que alguien, que usted sabe, va a morir esa misma noche.

Algunas veces usted sabe por qué ellos van a morir y algunas veces no. Se requiere la sabiduría de Dios y la guía del Espíritu Santo para saber qué hacer con ese conocimiento. No siempre usted le dice a la persona lo que sabe a menos que sea instruido específicamente por el Señor.

Es la cosa más difícil en el mundo ministrar algunas veces a través del oficio profético, debido a algunas de las cosas que ve y que sabe por el Espíritu de Dios.

He estado en reuniones donde he operado en el oficio del profeta y he mirado a la congregación y he visto en el ámbito del Espíritu. Muchas veces he visto exactamente lo que estaba mal físicamente con las personas.

Y algunas veces según el Espíritu de Dios quiso, yo sabía la razón por la que estaban enfermas. Y es una asombrosa responsabilidad el ser usado en los dones de revelación del Espíritu y ministrar exactamente de acuerdo a la guía del Espíritu Santo. ¡Amigos, este oficio no es para neófitos!

Es por esto que necesita dejar que Dios lo desarrolle *a usted* y a *su ministerio*, cualquiera que éste sea. Y mientras Dios lo prepara, la gente va a reconocer el don de Dios en usted. Si piensa que Dios lo ha llamado para el oficio profético, estudie y muéstrese a sí mismo aprobado, crezca y madure espiritualmente y sea fiel mientras le sirve en otras áreas. Dios lo hará madurar y lo probará antes de ponerlo en posiciones de mayor responsabilidad.

Tan sólo confíe en la sabiduría de Dios y sepa que al hacer su parte y prepararse a sí mismo en la Palabra, Dios y Su sabiduría harán Su parte. Él lo va a guiar y dirigir y si es llamado a ese oficio, Él lo hará madurar tanto naturalmente como espiritualmente antes de que lo ponga en ese oficio.

SECCIÓN III

PASTORES

Capítulo 11

Gobierno de la Iglesia

...Subiendo a lo alto, [Jesús] *llevó cautiva la cautividad, y dió Dones a los hombres...*

Y él mismo CONSTITUYÓ a unos, apóstoles; a otros, Profetas; a otros Evangelistas; a otros, PASTORES y Maestros.

—Efesios 4:8, 11

Y a unos puso Dios en la Iglesia, primeramente apóstoles, luego Profetas, lo tercero Maestros, luego los que hacen milagros, después los que sanan, los que ayudan, LOS QUE ADMINISTRAN, los que tienen don de lenguas.

—1 Corintios 12:28

Algunas personas en la actualidad están confundidas en cuanto al gobierno de la Iglesia y a lo que es correcto al gobernar la Iglesia. Gobierno de la Iglesia se refiere a quién está en autoridad en la Iglesia local y quién es responsable por el liderazgo en el Cuerpo local. ¿Cómo debe manejarse la Iglesia?

Cuando usted estudia el Nuevo Testamento, no encontrará leyes precisas sobre del gobierno de la Iglesia. El Nuevo Testamento no es tan claro como quisiéramos que fuera en esta materia. Y sin importar el tipo de gobierno que una Iglesia tenga, una persona puede tomar escrituras fuera de su contexto para tratar de probar que su manera particular de gobierno de la Iglesia es el correcto. Muchos argumentos y guerras religiosas se han llevado a cabo sobre esta materia.

Aunque pueden haber algunas áreas grises en la Biblia en cuanto a lo que constituye lo apropiado en el gobierno de la Iglesia, hay algunos principios y lineamientos básicos puestos para nosotros en el Nuevo Testamento. Si nos mantenemos dentro de estos lineamientos, estaremos en lo correcto. Pero si salimos más allá de estos principios básicos, estaremos en problemas.

La razón por la que existe alguna confusión en esta área es que algunas personas han tratado de tomar las cosas que Pablo dijo en cuanto al Ministerio, y las han aplicado al gobierno de la Iglesia. Pero necesitamos entender que existen muchos Ministerios, y no tienen nada que ver con el gobierno de la Iglesia local.

Como verá, Pablo se refiere a los oficios ministeriales dados a la Iglesia, o establecidos en la Iglesia. Estas son personas a quienes Dios ha llamado y establecido en la Iglesia para ministrar al Cuerpo de Cristo.

En Efesios 4:11 y Primera de Corintios 12:28, Pablo hace una lista de los oficios ministeriales. Esta lista de dones del ministerio en Efesios 4:11 es obvia: Apóstoles, Profetas, Evangelistas, Pastores y Maestros.

Y en Primera de Corintios 12:28, los oficios del apóstol, profeta, y maestro están listados de manera bastante clara. Pero ocurre lo mismo con los oficios del evangelista y del pastor. El oficio del evangelista está referido en esta lista como "milagros" y "dones de sanidades" puesto que estas manifestaciones frecuentemente acompañan tal oficio, aunque no son exclusivas del oficio. Y el oficio pastoral se encuentra en la palabra "gobierno".

Pablo no menciona específicamente el gobierno de la Iglesia, a excepción de este pasaje en Primera de Corintios 12:28 cuando él utiliza la palabra "gobierno", refiriéndose al oficio Pastoral.

Nosotros sabemos que la palabra "gobierno" se refiere a un don del ministerio debido a que en este pasaje Pablo está haciendo una relación de los dones del ministerio, y él no cambia el tema. Entonces, "gobierno" es un don ministerial distinto, no una combinación de todos los dones ministeriales juntos, formando una clase de gobierno de la Iglesia.

Algunas personas han interpretado que esta palabra "gobierno" significa que Pablo está diciendo que todos los Dones del Ministerio llevan a cabo el gobierno de la Iglesia. Ellos declaran que todos los Dones del Ministerio se encuentran en este oficio de gobierno; de esta manera, ellos equivocadamente dicen que todos los dones del ministerio deben gobernar y dirigir la Iglesia local.

En otras palabras, de acuerdo a esta enseñanza equivocada, para tener un correcto gobierno de la Iglesia, los cinco dones del ministerio deben operar en toda Iglesia local, sin importar el tamaño. Y debido a que el apóstol y el profeta han sido puestos primero en la lista, esto significa que ellos tienen preeminencia sobre los otros dones del ministerio, incluyendo el pastor.

Debido a que ellos asumen que Pablo coloca los dones del ministerio en el orden de su importancia y prominencia en lo referente al gobierno de la Iglesia, el oficio pastoral no debe ser tan importante ya que se encuentra en cuarto lugar en la lista de Efesios 4:11, y no se encuentra en el pasaje de Primera de Corintios 12:28.

Por lo tanto, de acuerdo a este razonamiento, toda Iglesia local debe tener un apóstol y un profeta en autoridad, gobernando, liderando y guiando sobre el pastor y la congregación. Ellos dicen que el apóstol gobierna a las ovejas, incluyendo al pastor; el profeta guía a las ovejas, incluyendo al pastor; y que el pastor pastorea a las ovejas bajo el liderazgo de un apóstol y profeta.

Esto no es bíblico. En primer lugar, ellos han tomado lo dicho por Pablo fuera de contexto para elaborar la idea de que todos los dones del ministerio llevan a cabo el gobierno de una Iglesia local.

En segundo lugar, Pablo no está colocando los dones del ministerio en su orden de importancia. Si fuera así, significaría que el apóstol, profeta y evangelista son más importantes que el pastor y tienen autoridad sobre él en la Iglesia local. Esto no está en línea con otras escrituras que tocan este tema.

En tercer lugar, como ya hemos visto, los apóstoles no han sido establecidos en el Cuerpo de Cristo para gobernar a los otros dones del ministerio.

Y el profeta tampoco ha sido establecido para guiar a nadie. No encontrarás en ninguna parte del Nuevo Testamento, ni en la Iglesia Primitiva, que los profetas guiaron a alguien. Por otro lado, ¿Por qué tendría el profeta que guiar al pastor? Un pastor no necesita un intermediario para que vaya con él a oír de Dios. El pastor también tiene al Espíritu Santo y puede obtener dirección para la Iglesia y guía directa de Dios para sí mismo.

Cuando el Señor estableció el don pastoral en la Iglesia, quiere decir que Él hablará primeramente al pastor—no al apóstol o profeta concerniente a la dirección de la Iglesia local.

Yo no puedo estar de acuerdo con la idea de que el apóstol y el profeta deben gobernar al Pastor, o que cada Iglesia local debe tener los cinco dones del ministerio en operación de manera que tenga un gobierno de la Iglesia del Nuevo Testamento apropiada.

"Gobierno" aparece en la lista en forma separada, indicando que es un oficio distinto de los otros dones del ministerio. Como un oficio separado, "gobierno" indica al oficio pastoral.

Como verá, las personas pueden hacer que las Escrituras digan todo lo que ellos quieren, si no dividen correctamente la Palabra. Pero una de las reglas más simples de la interpretación bíblica es determinar quién es la persona que habla, a quién está hablando y qué es lo que está hablando. Pablo está hablando a los creyentes acerca de los dones del ministerio.

Las personas caen en error doctrinal cuando toman una escritura o parte de una escritura, y tratan de edificar una doctrina sobre ella.

El Desarrollo de la Iglesia Local

La única manera de tener una perspectiva bíblico del error que está siendo enseñado actualmente en la Iglesia, en cuanto a los apóstoles y profetas y su gobierno de la Iglesia, es estudiar el desarrollo de la Iglesia local en el libro de los Hechos. ¿Cuál fue el origen de la Iglesia local, y cómo evolucionó el gobierno de la Iglesia?

Como verá, en un inicio la única Iglesia local era la Iglesia de Jerusalén. No tenemos ningún registro de la Iglesia en sus primeros días evangelizando fuera de Jerusalén. El cuerpo local estaba limitado a la Iglesia de Jerusalén.

Pero antes que Jesús ascendiera, Él había dicho a los discípulos que serían testigos suyos en Judea, Samaria, y hasta lo último de la tierra. (Hechos 1:8). En otras palabras, el evangelio sería predicado y entonces comenzarían obras en otros lugares. Sin embargo, años después la Iglesia Primitiva aún no lo había hecho, ellos simplemente se habían quedado en Jerusalén. Entonces, por un período de tiempo, la Iglesia de Jerusalén era la única Iglesia en existencia.

Durante algunos años, la predicación y la enseñanza en la Iglesia Primitiva fue echa por los apóstoles del Cordero y en un inicio, todos los ministerios estuvieron confinados a la Iglesia de Jerusalén. Cuando la persecución se inició, la Iglesia Primitiva salió a testificar. Aunque los apóstoles se quedaron en Jerusalén cuando la Iglesia era perseguida, posteriormente ellos comenzaron a establecer obras en otras áreas.

El primer registro que tenemos de los creyentes que dejaron Jerusalén para evangelizar es en Hechos 8:1, y eso ocurrió algunos años después de Pentecostés.

HECHOS 8:1
1 ...En aquel día hubo una gran persecución contra la Iglesia que estaba en Jerusalén, y todos fueron ESPARCIDOS por las TIERRAS DE JUDEA y de SAMARIA, salvo los apóstoles.

Fue sólo después de la persecución que los creyentes salieron a predicar y las obras comenzaron a ser establecidas en otras áreas. El pasaje anterior dice que la Iglesia fue "esparcida" predicando el evangelio. La Iglesia Primitiva finalmente obedeció lo que Jesús les había dicho que hicieran en Hechos 1:8 llevando las buenas nuevas de Él a otros.

Cuando comenzaron nuevas obras fuera de Jerusalén, se levantaron disputas doctrinales, y los discípulos retornaron a la Iglesia de Jerusalén para establecer tales asuntos.

El Desarrollo de la Doctrina de la Iglesia en la Iglesia Primitiva

En Hechos 15, por ejemplo, los apóstoles regresaron a la Iglesia de Jerusalén para establecer asuntos de doctrina.

HECHOS 15:1–2, 4–6
1 Entonces, algunos que venían de Judea enseñaban a los hermanos: Si no os circuncidáis conforme al rito de Moisés, no podéis ser salvos.
2 Como Pablo y Bernabé tuviesen una discusión y contienda no pequeña con ellos, se dispuso que subiesen Pablo y Bernabé a Jerusalén (la Iglesia madre), y algunos otros de ellos, a los apóstoles y los ancianos, para tratar esta cuestión.

4 Y llegados a Jerusalén, fueron recibidos por la Iglesia, y los apóstoles y los ancianos, y refirieron todas las cosas que Dios había hecho con ellos.
5 Pero algunos de la secta de los fariseos, que habían creído, se levantaron diciendo: Es necesario circuncidarlos, y mandarles que guarden la ley de Moisés.
6 Y se reunieron los apóstoles y los ancianos para conocer de este asunto.

Algunas personas utilizan Hechos 15 para tratar de probar que todos los dones del ministerio gobernaron la Iglesia local. Pero este pasaje no tiene ninguna relación con el gobierno de la Iglesia local. En otras palabras, no tenía nada que ver con la manera cómo se lleva diariamente la Iglesia y quien estaba en autoridad en el cuerpo local.

Hechos 15 es un recuento de la Iglesia del Nuevo Testamento en sus primeras etapas de desarrollo. En esta primera fase de su desarrollo, todos los dones del ministerio trabajaban en conjunto para decidir la doctrina de la Iglesia universal.

Por ejemplo, en cuanto al tema de la circuncisión, quienes estaban en el oficio ministerial decidieron si sería necesario que los creyentes se circuncidaran de acuerdo a la ley de Moisés para ser salvos. Aunque todos los dones del ministerio ayudaron a decidir en esta materia, todos los dones del ministerio no gobernaban la Iglesia local.

Los "ancianos" aquí son pastores y aquellos llamados a uno de los cinco dones del ministerio. Como verá, cuando un ministro es ordenado, es ordenado para integrar plenamente el oficio de ancianos en el Cuerpo de Cristo. Todo ministro ordenado es un anciano.

Note que el diaconado o un grupo de hombres de negocios elegidos para la directiva de una Iglesia no decidían asuntos espirituales.

HECHOS 15:22–30

22 Entonces pareció bien a los apóstoles y a los ancianos, con toda la Iglesia, elegir entre ellos varones y enviarlos a Antioquía con Pablo y Bernabé; a Judas que tenía por sobrenombre Barsabás, y a Silas varones principales entre los hermanos;
23 y escribir por conducto de ellos; los apóstoles y los ancianos y los hermanos, a los hermanos de entre los gentiles que están en Antioquía, en Siria y en Cilicia, salud.
24 Por cuanto hemos oído que algunos que han salido de nosotros, a los cuales no dimos orden, os han inquietado con palabras, perturbando vuestras almas, mandando circuncidaros y guardar la ley,
25 nos ha parecido bien, habiendo llegado a un acuerdo, elegir varones y enviarlos a vosotros con nuestros amados Bernabé y Pablo.
26 hombres que han expuesto su vida por el nombre de nuestro Señor Jesucristo.
27 Así que enviamos a Judas y a Silas, los cuales también de palabra os harán saber lo mismo.
28 Porque ha parecido bien al Espíritu Santo, y a nosotros, no imponeros ninguna carga más que estas cosas necesarias:
29 que os abstengáis de lo sacrificado a ídolos, de sangre, de ahogado y de fornicación; de las cuales cosas si os guardareis, bien haréis. Pasadlo bien.

30 Así, pues, los que fueron enviados descendieron a Antioquía, y reuniendo a la congregación, entregaron la carta.

A pesar que aquellos de los cinco dones del ministerio ayudaron a decidir en cuanto a asuntos doctrinales en el desarrollo inicial de la Iglesia, en el pasaje anterior no dice, "los cinco dones ministeriales gobernaron la Iglesia." Simplemente dice que los cinco dones del ministerio estaban establecidos en la Iglesia (Primera de Corintios 12:28). Todos ellos tenían funciones específicas, pero no todos los oficios tenían la función de "gobernar". Ese era un oficio distinto con su propia función.

En otras palabras, los apóstoles, ancianos, y toda la Iglesia en Jerusalén tenía algo que aportar en la decisión de algunos temas, (Hechos 15:22–23). Por ejemplo, toda la Iglesia estaba de acuerdo con la decisión de los apóstoles y ancianos en cuanto a la doctrina de la Iglesia, y todos ellos decidieron a quien enviar con Pablo y Bernabé.

Por supuesto, como pastor y supervisor de la Iglesia en Jerusalén, Santiago presidía la reunión (Hechos 15:13). Y aún cuando los otros ministerios tuvieron un aporte, note que como pastor, Santiago tomó la decisión final.

El Desarrollo de los Ancianos en la Iglesia Primitiva

En el inicio, la Iglesia Primitiva no tenía pastores; el único ministerio reconocido que ellos tenían se encontraba en aquellos hombres a los que la Biblia se refiere como los apóstoles del Cordero. Cuando los apóstoles salían de la Iglesia de Jerusalén, ellos ministraban principalmente a los judíos.

Con el transcurso del tiempo, Dios levantó a Pablo para ir a los Gentiles. Podemos aprender mucho acerca del desarrollo de la Iglesia local en otras áreas fuera de Jerusalén observando el ministerio de Pablo. En sus viajes misioneros, cuando Pablo estaba estableciendo Iglesias, el período de tiempo más largo que él se quedó en un lugar predicando el evangelio fue de tres años (Hechos 20:31), pero normalmente él se quedaba un tiempo más corto que ese (Hechos 18:11).

Al parecer, Pablo se quedaba en un área el tiempo necesario como para que las personas se establecieran en la fe y para comenzar una Iglesia. Pero cada Iglesia que él dejó era aún una Iglesia bebé en sus etapas iniciales de desarrollo. Requiere tiempo que los ministerios sean establecidos y que las Iglesias crezcan y desarrollen espiritualmente.

Entonces, cuando Pablo u otro de los apóstoles comenzaban una nueva obra, ellos escogieron uno o más de los hombres más antiguos en la congregación para supervisar la obra. La palabra griega "anciano" literalmente significa una *persona mayor.*

Pero si estos hombres no eran llamados a uno de los cinco dones ministeriales, ellos no tendrían sobre sí ninguna unción para establecerse en un oficio ministerial. Y si ellos no se desarrollaban en las cosas espirituales, ellos se quedarían como novicios. Requiere tiempo para crecer y madurar espiritualmente. Pero hombres maduros con alguna sabiduría natural podrían supervisar la nueva obra hasta que Dios tuviera la oportunidad de levantar hombres calificados para establecerse en el oficio pastoral.

Así que en el transcurso del tiempo, muchos de estos ancianos u hombres antiguos que habían sido llamados al ministerio, desarrollaron y maduraron espiritualmente y fueron espiritualmente calificados y equipados para establecerse plenamente en el oficio pastoral.

Entonces, con el transcurso del tiempo, mientras la Iglesia Primitiva crecía y se desarrollaba espiritualmente, era posible tener hombres llamados por Dios y espiritualmente equipados como pastores para encargarse de la supervisión del rebaño. Ya no era necesario seleccionar a alguien simplemente sobre la base de su madurez o edad; sino que había ya un reconocimiento de aquellos que eran llamados y equipados para el ministerio.

Algunas veces, las personas dicen, "Volvamos a hacer las cosas de la manera que fueron hechas en la Iglesia Primitiva". Pero si lo hacemos así, tendremos una Iglesia bebé—una Iglesia que aún está en sus etapas de desarrollo de infancia. No sería bíblico que la Iglesia de la actualidad en su nivel de desarrollo, simplemente tome personas de la congregación y las ponga a supervisar la Iglesia, a menos, por supuesto, que sea temporalmente hasta que alguien realmente llamado y ungido como pastor sea establecido en el oficio.

Por supuesto, en doctrina somos iguales que en la Iglesia Primitiva. Tenemos el mismo nuevo nacimiento, el mismo bautismo del Espíritu Santo, y la misma Cena del Señor. Pero no necesariamente somos iguales en la práctica, en el sentido que nosotros no haremos cosas de la misma manera que ellos lo hicieron en lo que se refiere al crecimiento y desarrollo de la Iglesia. Como verá, la Iglesia Primitiva estaba en sus primeras etapas de desarrollo, y nosotros no lo estamos. Los cinco dones ministeriales ya han sido desarrollados en la actualidad en la Iglesia.

Observemos la Iglesia de Efeso para ver cómo se desarrolló esa Iglesia local. La Iglesia de Efeso tuvo sus comienzos cuando Pablo vino a Efeso muchos años después del Día de Pentecostés y predicó el Evangelio a sus discípulos allí (Hechos 19:1–7).

Aquellos efesios eran únicamente discípulos, ellos habían sido bautizados por Juan el Bautista, quien les dijo que creyeran en Jesús, el que vendría. Pero los discípulos efesios no sabían que Jesús ya había venido, de manera que ellos no eran nacidos de nuevo.

Cuando Pablo les dijo que Jesús había venido, ellos creyeron en Jesús y fueron nacidos de nuevo. Entonces Pablo impuso sus manos a ellos, y fueron llenados con el Espíritu Santo (Hechos 19:6–7). Este fue el inicio de la Iglesia en Efeso.

Entonces, años después, Pablo reunió a los ancianos de la Iglesia en Efeso y les instruyó acerca de alimentar el rebaño de Dios.

HECHOS 20:17, 28
17 Enviando, pues, desde Mileto a Efeso, hizo llamar a los ancianos de la Iglesia,

28 Por tanto, mirad por vosotros, y por todo el rebaño en que el Espíritu Santo os ha puesto por obispos, para apacentar la Iglesia del Señor, la cual él ganó por su propia sangre.

Aquí Pablo se refiere a ellos como "ancianos" y "supervisores". Como podrá observar, para esta época, la Iglesia había tenido tiempo para crecer y desarrollarse, y los ancianos ya no eran solamente hombres de edad avanzada. Ellos eran verdaderos ancianos en el sentido espiritual del término. Ellos eran supervisores, o pastores.

Durante este tiempo, el Espíritu Santo había desarrollado maestros y predicadores de la Palabra y los había "establecido" en la Iglesia. Es por ello que Pablo instruyó a estos ancianos para "...alimentar a la Iglesia de Dios...." Estos "ancianos" eran ahora verdaderos pastores, quienes tenían a su cargo la supervisión pastoral del cuerpo local y la habilidad para alimentar espiritualmente a los creyentes.

Pablo no podía estar hablando a hombres de edad avanzada, porque una persona mayor y sin unción sobre él para ministrar no estaría espiritualmente equipado para alimentar al pueblo de Dios con la Palabra.

En los inicios de mi ministerio, vi el ejemplo de un hombre anciano puesto a cargo de una Iglesia, hasta que Dios levantó un hombre llamado al ministerio pastoral. Esto ocurrió en una de las Iglesias a las que yo pastoreé posteriormente.

Antes que yo pastoreara en esa Iglesia, un hermano laico llamado Flager había sido instalado como anciano en la Iglesia. El era un hermano antiguo, uno de los primeros que fue salvo en esa congregación. El tenía a su cargo supervisar el desarrollo de la Iglesia, hasta que el Señor levantara un Pastor para esa congregación.

El hermano Flager admitía claramente, "Yo no puedo predicar; no he sido llamado a predicar o pastorear. He enseñado en la Escuela Dominical, pero me he hecho cargo de la Iglesia hasta que Dios nos traiga un pastor. En ocasiones hemos estado durante un año sin pastor, pero hemos continuado con los servicios. En esas situaciones, invito a un ministro para que predique en los servicios, y yo me ocupo de que los otros aspectos de la Iglesia se desarrollen normalmente. Pero yo no tengo unción para predicar o enseñar. Yo no he sido llamado a pastorear".

Con el transcurso del tiempo, Dios levantó un pastor para esa Iglesia. Pero entre tanto esto ocurría, el hermano Flager actuó como un supervisor de la obra.

Esto es exactamente lo que ocurrió en la Iglesia Primitiva. Un hombre anciano o un antiguo creyente fue puesto a cargo de la Iglesia hasta que Dios tuviera tiempo para desarrollar los dones del ministerio del pastor, quien entonces sería un anciano o supervisor, en el verdadero sentido—un pastor de las ovejas de Dios.

GOBIERNOS

Estudiar el desarrollo de la Iglesia Primitiva nos permite ver que la palabra "gobiernos" en Primera de Corintios 12:28 se refiere al oficio Pastoral. Hágase usted la pregunta, ¿quién gobierna la Iglesia local? El Pastor lo hace. En ningún lugar de las Escrituras encontramos que el gobierno de una Iglesia local lo encabeza el apóstol, profeta, evangelista o maestro.

"Gobiernos" o *el gobierno de la Iglesia local* ciertamente no se encuentra en el rebaño, entre las ovejas. No podría ser así, debido a que "gobiernos" se refiere a un oficio ministerial, y los laicos no están espiritualmente equipados para ocupar un oficio ministerial. Los laicos no tienen unción sobre ellos para ministrar en el oficio de los cinco dones ministeriales. No, el pastor gobierna el cuerpo local.

Nosotros también sabemos que el oficio de "gobiernos" no se encuentra en el oficio del apóstol debido a que en ninguna parte del Nuevo Testamento encontramos apóstoles gobernando la Iglesia local. De hecho, el oficio del apóstol no podría ser parte del gobierno de la Iglesia, debido a que el oficio apostólico típicamente no es un oficio estacionario, localizado únicamente en la Iglesia local.

Un apóstol debería ser un miembro de la Iglesia local, por supuesto, pero él no se queda únicamente en la Iglesia local, debido a que una de las características sobresalientes del apóstol es que él es un enviado. El es enviado con un mensaje, o como pionero de nuevas obras y nuevas Iglesias, o para ministrar en el campo misionero.

No, el pastor gobierna a las ovejas en el cuerpo local. Usted puede ir a Israel en la actualidad y ver al Pastor con sus ovejas. El tiene cuidado de las ovejas y las vigila, él gobierna sobre ellas. Si usted le dice, "Yo tengo autoridad sobre este rebaño, y voy a vender estas ovejas," el Pastor lo enviará a usted de regreso por donde vino.

Ninguna otra persona tiene autoridad sobre las ovejas de un Pastor. El Pastor tiene la autoridad y responsabilidad para gobernar sobre el rebaño, debido a que Dios le ha confiado la supervisión del rebaño.

Ocurre de la misma manera en la Iglesia local, el gobierno del rebaño se lleva a cabo a través del pastor de la Iglesia local, porque él es el encargado de supervisar la Iglesia. No estamos hablando de un gobierno natural o humano. Estamos hablando de una supervisión espiritual y divina, que provee la nutrición de las ovejas en una actitud de amor.

HECHOS 20:28
28 Por tanto, mirad por vosotros, y por todo el rebaño en que el Espíritu Santo os ha puesto por obispos, para apacentar la Iglesia del Señor, la cual él ganó por su propia sangre.

La palabra "pastor," viene de la palabra griega "poimen". El Diccionario Expositivo de Palabras de Nuevo Testamento de Vine, nos da la definición de la palabra "poimen" o pastor:

> Un pastor, alguien que atiende rebaños, (no solamente alguien que las alimenta,) es usado metafóricamente para referirse a los "pastores" cristianos. Los pastores guían, a la vez que alimentan al rebaño.[1]

La misma palabra griega que en el inglés es traducida como "supervisor" en Hechos 20:28, es traducida como obispado en Primera de Timoteo 3:1. Es la palabra griega "episcopios," y es traducida como superintendente, obispo, o supervisor, y de acuerdo con Vine, es otro término para "anciano".

Entonces, es correcto decir que obispo, supervisor, pastor y anciano, todos ellos describen el oficio pastoral. Hay algunos lugares en el Nuevo Testamento, donde el término "anciano" puede también aplicarse a otros oficios, pero la Biblia está hablando a pastores o supervisores en Hechos 20:28, cuando dice, "mirad por vosotros, y por todo el rebaño ...." La palabra "rebaño" se refiere a las ovejas. Las ovejas deben tener un pastor.

Es verdad que la palabra "pastor" solamente es usada una vez en el Nuevo Testamento, y es en el pasaje de Efesios 4:11: *"Y él mismo constituyó a algunos apóstoles..Profetas... Evangelistas... Pastores y Maestros".*

Sin embargo, la palabra "pastor" en sus variadas formas—obispo, anciano, supervisor—es usada varias veces a través del Nuevo Testamento.

La Biblia tiene mucho que decir en cuanto a ovejas y pastores. Jesús usó la palabra "pastor" muchas veces refiriéndose a Sí mismo. Por ejemplo, Jesús dijo: *"Yo soy el buen Pastor..."* (Juan 10:11, 14). Jesús es el príncipe de los Pastores (1 Pedro 5:4), y el Pastor es el que tiene a su cargo el rebaño de Dios;

él pastorea y alimenta el rebaño de Dios bajo la dirección del príncipe de los Pastores, el Señor Jesucristo, la Cabeza de la Iglesia.

En realidad, el original griego de Efesios 4:11, "pastores y maestros," parece indicar que los oficios de pastor y maestro pueden funcionar juntos. En otras palabras, un pastor también puede ser un maestro. Y hay aquéllos que están llamados específicamente a ser pastor-maestros.

Leyendo a través del Nuevo Testamento, yo no puedo encontrar un oficio local mayor en la Iglesia local que el oficio pastoral. He leído completamente el Nuevo Testamento más de 150 veces, y nunca he visto una autoridad mayor en la Iglesia local, que el oficio pastoral.

Mientras estudia la Historia de la Iglesia, usted encontrará que toda Iglesia que trató de edificar sobre el fundamento falso que son los apóstoles y profetas quienes gobiernan la Iglesia, han desaparecido. Debido a que ello no es bíblico, Dios no puede bendecirlo.

TODO *VIENTO* DE DOCTRINA

Estas enseñanzas erróneas han quebrado Iglesias y herido a buenas personas. Todo genuino ministro del Evangelio, sin importar el oficio en el que se encuentre, no ministra de manera que cause contienda y divida una Iglesia por cuestiones de doctrina. Si él no viene a una Iglesia para bendecir a las personas, entonces él es falso, él no es un ministro verdadero del Evangelio.

Dios no quiere que nosotros nos quedemos siendo niños. El quiere que crezcamos espiritualmente y que aprendamos a no aceptar todo viento de doctrina que alguien pueda estar enseñando en el Cuerpo de Cristo.

EFESIOS 4:14
14 para que ya no seamos niños fluctuantes, llevados por doquiera de todo viento de doctrina, por estratagema de hombres que para engañar emplean con astucia las artimañas del error.

Quiero que notes algo en este pasaje de las Escrituras. La Biblia dice que los niños son fluctuantes y engañados con todo "viento de doctrina". No dice que los niños son fluctuantes y engañados con "toda doctrina errónea".

La traducción *Conybeare* dice, "...revoloteados con toda corriente de enseñanza que se levanta".

La traducción *Amplificada* dice, "...moviéndose con todo cambio en los vientos de doctrina, [presos de] la astucia e inteligencia de hombres inescrupulosos...en todo tipo de corriente de engaño al inventar errores para descarriar".

En otras palabras, algunas personas toman la doctrina bíblica y la pervierten ligeramente, y esto engaña a algunas personas. Ellos colocan una interpretación equivocada de lo que la Biblia dice, y los niños espirituales pueden ser sacados del camino con el error.

Se puede pervertir la doctrina al tomar una porción de la Escritura fuera de su contexto al colocarla con otra escritura. La Biblia llama a esto "estratagema de hombres" (Efesios 4:14). El error ocurre cuando las personas manipulan o tuercen las escrituras para hacer que digan lo que ellos quieren decir (2 Pedro 3:16).

Como mencioné anteriormente, es importante diferenciar cuando la Biblia está hablando de la *Iglesia como un todo*—el Cuerpo de Cristo en general—y cuando está hablando de la *Iglesia local.*

Todos los dones del ministerio funcionan en la Iglesia en su totalidad, en el Cuerpo de Cristo como un todo. Pero no es necesario tener todos los dones del ministerio funcionando en cada Iglesia local para tener un gobierno de la Iglesia "correcto".

Por ejemplo, en la Iglesia Bíblica Rhema hay un pastor principal, Kenneth W. Hagin y otros pastores en el equipo pastoral, incluyendo dos pastores asociados, ministros de jóvenes y niños y el ministerio de música. También hay muchos ministros itinerantes a tiempo completo—maestros y evangelistas—quienes son miembros de la Iglesia. Pero ellos no ministran en la Iglesia; todos ellos salen de la Iglesia, predicando y enseñando la Palabra. Ellos no forman parte del gobierno de la Iglesia.

El gobierno de la Iglesia bíblica Rhema está encabezado por el equipo Pastoral. Ellos son los que tienen el cuidado diario y supervisión de la Iglesia.

Los ministros itinerantes están todos agrupados en un cuerpo local, porque son miembros de la Iglesia Bíblica Rhema, pero ellos no tienen que ver con el gobierno diario de la Iglesia. Ellos no predican en la Iglesia, a menos que sean llamados para hacerlo. Ellos están en la Iglesia, pero sus ministerios requieren que ellos salgan fuera de la Iglesia para ministrar.

Necesitamos darnos cuenta que el ministerio de algunas personas requiere que ellas salgan fuera del cuerpo local, hacia la Iglesia en general; mientras otros son llamados a ministrar en su propia Iglesia local. Los ministros necesitan conocer si el llamado de Dios en sus vidas es para estar en su Iglesia local y ministrar, o si Dios los está llamando a ministrar de manera itinerante al Cuerpo de Cristo en general.

Algunos maestros se han equivocado al pensar que, debido a que su llamado es para enseñar, esto automáticamente significa que Dios quiere que ellos ministren al Cuerpo de Cristo en su totalidad. Pero Dios llama a algunos maestros a ministrar únicamente como maestro de Escuela Dominical o maestro bíblico en cierto nivel en su Iglesia local. He visto algunas unciones maravillosas en maestros llamados a ministrar en la Iglesia local.

Por ejemplo, un hombre en mi Iglesia en Texas era un maravilloso maestro de la Biblia. El enseñaba una clase bíblica y tenía una gran unción para enseñar. Debido a que era tan ungido, las personas acostumbraban decirle, "deberías salir de esta Iglesia local, y viajar por otras Iglesias y enseñar al Cuerpo de Cristo". El siempre contestaba, "No, ese no es mi llamado. Mi llamado es enseñar aquí, en esta Iglesia local".

Hay otros maestros que son llamados a la clase de ministerio itinerante en el Cuerpo de Cristo. Ellos van, de lugar en lugar, enseñando la Palabra. Ese es su llamado en el Cuerpo de Cristo. Pero depende de cada miembro en el Cuerpo de Cristo encontrar cuál es su llamado y encontrar dónde quiere Dios que ministre, y ser fiel para ministrar como Dios le ha instruido que haga.

---

[1] W. E. Vine, M.A., *An Expository Dictionary of New Testament Words* (Old Tappan, New Jersey: Fleming H. Revell Company, 1940), p. 167.

Capítulo 12

El Pastor y la Iglesia Local

Hay dos organizaciones o instituciones principales sobre las que Dios ha puesto Su aprobación. Número uno, el hogar y la familia. Él lo instituyó primero. Número dos, la Iglesia. Y en realidad, la Iglesia local es como una familia; es una Iglesia familiar. ¿Ha notado alguna vez que la familia y la Iglesia son las dos cosas que el diablo ataca más que cualquier otra?

La gente siempre está preguntando, "¿Qué está haciendo Dios hoy?" como si Dios fuera a hacer algo nuevo cada día. Una de las principales cosas que Dios está haciendo hoy es enfatizar la Iglesia local. Pero eso no es nuevo.

Dios siempre ha puesto Su bendición, aprobación y énfasis sobre la Iglesia local, pero debido a que algunas de estas cosas se han salido de balance, Él está *re*-enfatizando la Iglesia local para que sepamos que es una prioridad para Él. En realidad, Dios simplemente nos está llevando de vuelta a donde nosotros deberíamos estar.

Le diré exactamente lo que Dios quiere hacer en el Cuerpo de Cristo hoy. Número uno, Él quiere edificar Iglesias locales fuertes. Número dos, Él quiere que los miembros de las Iglesias locales aprendan a fluir en el Espíritu.

Necesitamos darnos cuenta que Jesucristo, la Cabeza de la Iglesia, es quien instituyó la Iglesia local y *puso* el oficio pastoral en el Cuerpo de Cristo. Note algo que Jesús dijo acerca del oficio pastoral en Mateo capítulo 9.

MATEO 9:35–36
35 Recorría Jesús todas las ciudades y aldeas, enseñando en las sinagogas de ellos, y predicando el evangelio del reino, y sanando toda enfermedad y toda dolencia en el pueblo.
36 Y al ver las multitudes, tuvo compasión de ellas, porque estaban desamparadas y dispersas como ovejas que no tienen Pastor.

En este pasaje, la Biblia no dice que cuando Jesús vio las multitudes, fue movido en compasión porque la gente desfallecía como ovejas sin un *Apóstol* o *Profeta*. No dice que la multitud desfallecía como ovejas sin un *Evangelista* o *Maestro*. ¡No! Dice que desfallecían y estaban dispersas ¡como ovejas sin un *Pastor*! Las ovejas necesitan un Pastor.

Jesús sabía que las ovejas se dispersarían sin un Pastor. El Evangelista y el Maestro no tienen la misma unción sobre ellos para cuidar de las ovejas y nutrirlas.

No hay Sustituto para la Iglesia Local

Esta es la razón por la que me desagradan algunos Maestros que degradan la Iglesia local y animan a la gente a ser independiente de la Iglesia local. Ellos dejan la impresión de que la gente no necesita de la Iglesia local.

Un Maestro bíblico que conocí realmente dijo a varios Pastores, "No creo mucho en la Iglesia local. Si la gente me escuchara por la radio y televisión y leyese mis libros y escuchara mis grabaciones, ellos podrían quedarse en casa y crecerían espiritualmente tanto como cualquiera que va a la Iglesia".

Eso no es bíblico. Al decirlo esto, ¡él puso a un lado el oficio pastoral, el cual, Jesucristo, la Cabeza de la Iglesia, colocó en la Iglesia local! Los creyentes pueden crecer en cierta medida al escuchar las grabaciones y los ministerios televisivos, pero será un crecimiento espiritual limitado. Ellos necesitan un Pastor. El Pastor ocupa un lugar singular entre los cinco dones ministeriales debido a que él es quien ha sido puesto en la Iglesia por Jesús para nutrir y atender a las ovejas.

Yo dije, "No es atroz que el pobre Jesús no supiese que las personas podrían crecer espiritualmente tan sólo con el ministerio de los Maestros, así que Él puso Pastores en el Cuerpo de Cristo ¡El pobre Jesús que no es tan inteligente como este sujeto! Él no debe haber sabido lo que hacía cuando estableció a los Pastores en la Iglesia".

Pero entonces este Maestro admitió, "No me agrada estar alrededor de la gente y ocupándome de sus problemas". Pero como verá, éste es el trabajo de un Pastor. Un Pastor debe estar disponible las veinticuatro horas del día por las necesidades de las ovejas.

Cuando digo que Dios puso su aprobación sobre la *Iglesia*, me refiero a la Iglesia local, no al ministerio televisivo de alguien. Esa no es la Iglesia. Ese es sólo un brazo del ministerio y nunca puede sustituir a la Iglesia local. Un ministerio radial nunca puede tomar el lugar de la Iglesia local, ni las cruzadas o seminarios.

Los ministerios en radio y televisión y las cruzadas y seminarios son únicamente suplementos o alcances de la Iglesia; no son la Iglesia local. Quienes piensan que pueden dejar de ir a la Iglesia y simplemente escuchar los ministerios televisivos e ir a las cruzadas o seminarios, son como alguien que está tratando de mantenerse vivo tomando únicamente suplementos vitamínicos, ¡en lugar de comida!.

Pueden ver cuán irrazonable sería para alguien decir, “voy a dejar de comer comida y solamente tomaré vitaminas”. No, si una persona hace esto, morirá.

Es lo mismo con la Iglesia local. Si usted deja de ir a la Iglesia y simplemente trata de crecer espiritualmente apoyado en los ministerios radiales y televisivos para su dieta espiritual, su salud espiritual sufrirá.

Algunos de estos ministerios por radio y televisión quieren que usted les envíe sus diezmos y ofrendas. Yo no escucharía a ministros en la radio o televisión que tratan de que la gente les envíe diezmos. En realidad los predicadores en la radio o televisión no deberían drenar el dinero de la Iglesia local.

No estoy en contra de los cristianos que apoyan a otros predicadores, si piensan que ellos lo merecen. Pero los ministerios de radio y televisión no pueden tomar el lugar de la Iglesia local y ellos no deberían animar a las personas a enviarles sus diezmos a ellos.

He dicho a la gente durante años, “Envíen sus diezmos a su Iglesia local. Después que hayan pagado sus diezmos y ofrendas a su Iglesia local, entonces pueden enviar una ofrenda a otro ministerio si lo desean”. Nunca he pedido a nadie que me envíe sus diezmos debido a que yo creo que el diezmo pertenece a la Iglesia local (Levítico 27:32; Malaquías 3:10).

Cuando está enfermo o en el hospital, ¿Vienen acaso a ministrarlo aquellos ministros televisivos que quieren sus diezmos y ofrendas? Cuando usted se casa, ¿vienen para aconsejarlo y celebrar la ceremonia? ¿Lo ayudan en tiempos de problemas y lutos familiares? ¡No!

No, el Pastor es el que lleva a cabo tales funciones en la Iglesia local. Y él es quien se asegura que el rebaño de Dios sea alimentado con una dieta espiritual balanceada. Por esta razón, él ocupa un lugar único entre las ovejas. Él es como el papá de una familia. El ama a las ovejas de una manera que ni el Evangelista, Profeta o Maestro pueden amarlas, porque él tiene la unción de Pastor sobre él.

Verá, el Evangelista puede predicar, pero cuando el servicio termina, él puede salir por la puerta e irse. Y el Maestro y el Profeta pueden venir y tener una cruzada de enseñanza en una Iglesia y enseñar a la gente, pero cuando todo termina, ellos se pueden ir.

Pero el Pastor no puede dejar a las ovejas que han sido puestas a su cuidado, ni tampoco quiere hacerlo—no si él es un verdadero Pastor. Su ministerio es estacionario en el cuerpo local. Él se va a quedar allí con la gente y ayudará a nutrirla.

Permítame decirle algo mientras hablamos del tema. Los centros de enseñanza no pueden tomar el lugar de la Iglesia local. Algunos de estos centros de enseñanza tienen uno o dos servicios en la semana, pero no hay Pastor, sólo un Maestro. Eso no es tener una Iglesia.

Un Pastor puede ser un predicador o un Maestro de la Palabra, pero su principal oficio es Pastorear. Pero si un ministro simplemente tiene el don de enseñar, entonces su don del ministerio es la *enseñanza*, no el oficio Pastoral. Simplemente porque una persona puede enseñar o predicar, eso no lo hace un Pastor.

Un Pastor puede ser un Maestro, no me malentiendan. Pero si un ministro es solamente un Maestro y no es llamado al oficio Pastoral, entonces su centro de enseñanza no puede tomar el lugar de la Iglesia local. Si él simplemente es Maestro, debería enseñarles a las personas a que asistan a una buena Iglesia local.

Hay algunos sujetos que reclaman ser Pastores, pero ellos llegan y predican el domingo por la mañana y luego están fuera todo el resto del tiempo. ¡Eso no es ser un verdadero Pastor! Ellos deberían quedarse y *pastorear* su rebaño.

Es correcto que un Pastor esté fuera de vez en cuando. Pero la mayor parte del tiempo un Pastor debería estar en la Iglesia local atendiendo a las ovejas. Algunos Pastores se sorprenden de por qué su gente no está creciendo espiritualmente. Algunas veces esto sucede debido a que el Pastor no está atendiendo a las ovejas apropiadamente.

Lo que ha ocurrido en el Cuerpo de Cristo es que nosotros hemos sacado algunas de estas cosas fuera de balance. Una razón por la que hemos sacado cosas fuera de balance es que muchos creyentes que entraron en el Movimiento Carismático y fueron salvos y llenos del Espíritu no crecieron dentro de una Iglesia. Algunos de ellos salieron de una Iglesia denominacional, pero muchos de ellos no conocían el propósito de la Iglesia local, por ello no la estimaron apropiadamente.

Las cruzadas y los seminarios son maravillosos para nuestro crecimiento y edificación espiritual, pero ellos no pueden tomar el lugar de la Iglesia local. No es posible llevar la organización de una Iglesia de la manera que se llevaría una cruzada o un seminario.

Por ejemplo, cuando estoy realizando una cruzada, frecuentemente dejo el auditorio apenas el servicio termina. La unción es tan fuerte, que algunas veces es difícil para el cuerpo físico mantenerse en pie. Yo no quiero atraer la atención hacia mí, y entonces dejo el servicio. Como ministro itinerante, yo puedo dejar el servicio inmediatamente en una cruzada o seminario.

Pero un Pastor no puede hacer eso en la asamblea local—no, si él es un verdadero Pastor. Cuando yo fui Pastor, yo era el primero en la Iglesia en saludar a la gente, y era el último en salir, dándoles la mano y teniendo comunión con la gente después que el servicio había terminado.

Como Pastor, la gente necesitaba saber que yo estaba disponible y que estaba allí para servirles. No es posible dirigir un servicio en la Iglesia, de la misma manera que se dirige un seminario. Usted podría tener una cruzada *en* la Iglesia, y el ministro que lleva a cabo la cruzada podría actuar de esa manera, pero el Pastor no puede hacerlo. Aparte de esto, un Pastor preferiría ministrar las necesidades de las ovejas más que hacer cualquier otra cosa.

Esta es la razón por la que es claramente notorio que algunas personas no son llamadas al oficio Pastoral. Ellas no quieren estar con las ovejas.

Escuché recientemente acerca de un sujeto que supuestamente era un Pastor. Pero después de varios años, él aún tenía sólo veinticinco personas en su congregación. Esto no es sorprendente porque cuando él terminaba de predicar,

¡se daba la vuelta y se retiraba por la puerta posterior! Ese hombre o no era llamado al ministerio Pastoral, o entendía mal la verdadera naturaleza del rol del Pastor en el cuerpo local. Ese no era el oficio pastoral en demostración.

No, el verdadero Pastor ama a las ovejas. Él preferiría morir antes que verlas heridas. Él quiere ver a las ovejas bendecidas y ayudadas más que ninguna otra cosa.

La Iglesia Local es una Iglesia Familiar

Como una Iglesia familiar, la Iglesia local tendrá algunos de los mismos problemas que tendría cualquier familia natural, debido a que está hecha de gente. El Pastor tendrá que tratar con esos problemas, sean problemas de disciplina, financieros o cualquier otra clase de problemas. No es trabajo de algún llamado Apóstol o Profeta que ni siquiera conoce a las ovejas que vienen, el comenzar a disciplinar a las ovejas de otra persona.

En el ámbito natural, los niños en una familia algunas veces desobedecen y necesitan la guía del padre. Muchas veces el padre de familia necesita proveer corrección. Cuando sus hijos necesitan disciplina, no llamas a un extraño para que se haga cargo de disciplinarlos, ¿no es así? Por supuesto que no.

Sucede de la misma manera en el cuerpo local. El Pastor local es como el papá de la Iglesia local. La oveja en una Iglesia necesita del Pastor para que la nutra con la Palabra de Dios y la cuide. Y si necesita disciplina, necesita un Pastor que tenga el mejor interés de corazón para administrar corrección bíblica en amor.

El Pastor es aquél que está calificado para corregir a la oveja espiritualmente si lo necesita, debido a que él está allí todo el tiempo con ellos. El conoce a su congregación y tiene un cuidado genuino e interés en su bienestar. Si su rebaño alguna vez necesita corrección, ciertamente no es la responsabilidad del Maestro, ni del Profeta o Apóstol venir y corregir espiritualmente a los miembros de la Iglesia de un Pastor.

No, las personas necesitan un Pastor. Ellas no pueden ser perfeccionadas sin el Pastor de la Iglesia local. Realmente, todos los otros dones del ministerio trabajarían en vano si no fuera por el Pastor, debido a que él es el responsable de atender, cuidar y nutrir a las ovejas con la Palabra de Dios. Las ovejas nunca crecerán espiritualmente y nunca alcanzarán la plena madurez sin un Pastor y una Iglesia local.

Debido a que la Iglesia local es una familia, la Iglesia debería cuidar de sus propios miembros, así como una familia cuida de los miembros de su propia familia. Si un miembro de la Iglesia está enfermo o en el hospital, el equipo pastoral debería estar allí para ministrarlo. Cuando una pareja quiere contraer matrimonio, el Pastor está allí para aconsejarlos y realizar la ceremonia. Cuando alguien muere en la familia de algún miembro, el Pastor y los miembros de la Iglesia están allí para rodear a la familia con amor y apoyo.

Si usted no pertenece a una Iglesia local, o si únicamente va de vez en cuando, ¿Cómo podría alguien de la Iglesia saber si usted necesita oración o si estuvo enfermo?

El beneficio de una Iglesia local va más allá del lado espiritual de la vida. La Iglesia local también fue instituida por Dios para ser una bendición para las personas en el lado natural de la vida.

Como verá, hay un lado espiritual de la vida, pero también hay un lado natural de la vida. Usted no puede vivir *solamente* en el Espíritu todo el tiempo; no puede hacerlo porque usted aún está viviendo en el ámbito natural.

Usted tiene que caminar en el Espíritu mientras vive en este mundo natural. Por supuesto, la Iglesia local debe alimentar espiritualmente a las personas, pero también puede ser una bendición para sus miembros en cierta forma natural.

Es por eso que la Iglesia local es tan importante. En algún momento de nuestras vidas, todos necesitamos ayuda en lo natural, así como en lo espiritual.

Dios nos puso a cada uno de nosotros con un grupo de creyentes en la Iglesia local, con quienes podemos tener compañerismo y crecer espiritualmente. Y en tiempos de problemas todos necesitamos personas a quienes buscar para ser consolados y edificados.

Por ejemplo, ¿a quiénes buscaron los discípulos en tiempos de problemas? Cuando ellos fueron puestos en prisión, amenazados, y finalmente soltados, la Biblia dice que los discípulos *"...vinieron a los suyos..."* (Hechos 4:23).

Si, usted puede llevar sus pedidos de oración a un ministerio, pero algunas veces usted necesitará más que oración. Algunas veces usted necesitará la compañía de otros creyentes que tengan una fe como la suya; necesitará la presencia física de hermanos y hermanas alrededor suyo, rodeándolo con su fe y amor.

Un Pastor—No un Dictador

El Pastor del cuerpo local es como el papá de la Iglesia local. No es llamado a ser un dictador. Algunas veces se requiere que el Pastor de la Iglesia sea un hombre experimentado en paciencia.

Pastoreando las ovejas de Dios, un Pastor aprende algunas cosas acerca de tratar con la gente, que simplemente no podrá aprender de otra manera. Entre otras cosas, él aprenderá algo de paciencia, y si es sabio, aprenderá a amar a las personas simplemente como son.

Yo estuve conversando con un ministro que diez años antes que yo estuviera allí, había pastoreado la misma Iglesia que en ese momento yo pastoreaba. Cuando él era el Pastor, él había conocido a uno de los miembros de mi mesa directiva. En aquélla época, esta persona era un cristiano inestable.

El Pastor me dijo, "Cuando yo pastoreaba la Iglesia, este señor había sido salvo y lleno con el Espíritu Santo por muchos años, sin embargo era el miembro de la Iglesia menos fiel que pudieras encontrar. Él iba pocas veces a la Iglesia, y nunca puso un centavo en la ofrenda. Cómo fue que se convirtió en un cristiano maduro, no lo sé".

Luego, él añadió, "Te diré algo, cuando él se apareció por la Iglesia, ¡yo estaba allí, esperándolo!" Este Pastor se delató a sí mismo.

Yo respondí, "Ese es el problema. ¡Hasta un cerdo viejo tendría suficiente sentido común como para dejar de venir a alimentarse, si cada vez que viene le golpean en la cabeza con un bate de béisbol! Luego que te fuiste, algunos de nosotros los pastores vinimos y comenzamos a alimentarlo espiritualmente con la Palabra y él superó algunos de esos rasgos típicos de un bebé espiritual; y se desarrolló hasta llegar a ser un cristiano maduro.

Un Pastor siempre va a tener bebés cristianos en su congregación. ¡Pero él no puede golpear en la cabeza a las ovejas para tratar de hacer que crezcan y se desarrollen! Cuando yo pastoreaba, era cuidadoso de no golpear a las ovejas espiritualmente. Yo trataba de mirarlas con los ojos de la fe, como ellas podrían ser, porque yo practicaba caminar por fe, no por vista.

Los Pastores necesitan aprender a mirar a sus ovejas con los ojos de la fe. Si los Pastores caminan por vista, muchas veces desde el púlpito ellos probablemente querrán quitarles el cuero a las personas, echarles sal y colgarlos en la pared para que sequen! Pero aún en esta área del crecimiento espiritual, un Pastor necesita caminar por fe y no por vista. Un buen Pastor mira a la gente de su congregación como ellos podrían ser con la dieta espiritual y la nutrición correcta.

¿Cómo van a madurar las ovejas y superar el estado de niñez en su crecimiento cristiano? Alimentándose con la dieta correcta y con el amor con que su Pastor las trate. Es así como usted puede ver a las personas con los ojos de la fe. Luego, con el transcurrir del tiempo, ellos se convertirán en cristianos maduros. Yo sé de lo que estoy hablando porque yo he practicado eso como Pastor.

El Pastor debe dar su vida por las ovejas, aún en esta área de ver a las personas con los ojos de la fe, porque esto no siempre es fácil.

El Pastor tiene una gran responsabilidad de atender y nutrir a las ovejas en una actitud amorosa. Pero supervisar a las ovejas no significa señorear sobre las personas o maltratarlas.

Recuerdo un avivamiento que realicé para un Pastor en Texas. El era una de aquéllas personas que tiene la actitud, *Todos están equivocados, menos yo.* El era legalista, y no permitía a una mujer cantar en el coro si tenía el cabello corto, o usaba maquillaje.

Pero cuando yo regresé varios años después para realizar otro avivamiento en su Iglesia, su actitud había cambiado totalmente. Yo le pregunté qué había ocurrido con él.

El dijo, "Yo comencé a buscar al Señor, porque por un período de diecisiete años ninguna de las Iglesias que yo pastoreaba creció. La gente me apoyaba, y yo siempre tuve suficiente dinero, aún en los días de la Depresión. Yo no tenía escasez, pero ninguna de mis Iglesias creció—ni en cantidad, ni espiritualmente".

El dijo, "Yo comencé a ayunar y orar acerca de ello. Fui a la zona de huéspedes de la Iglesia, y le dije a mi esposa, 'No me interrumpas, porque voy a ayunar y orar y buscar a Dios.' Yo estuve ayunando allí cinco días, tomando agua solamente y buscando a Dios en Su Palabra y en oración.

Le pregunté al Señor, 'Señor, ¿qué está mal? Yo he estado pastoreando todos estos años, y ninguna de mis Iglesias creció. Nunca tuvimos nuevos miembros y la gente no parecía crecer espiritualmente.'

El Señor me contestó. El dijo, "El problema es que tú matas todos los corderos, por eso no tienes ninguna oveja crecida y madura. Tu congregación no puede crecer si tú estás continuamente matando a todos los corderos".

Jesús dijo, "Tan sólo alimenta y nutre a los corderos, y entrégamelos a Mí. Ellos irán por allí, entrando y saliendo, y algunas veces irán más allá de la colina, porque son pequeños corderitos. Y puede que tú pienses que está bien que se hayan ido. Pero, antes que lo pienses, ellos volverán. Déjamelos a Mí".

"No solo eso," dijo Jesús, "pero tú matas a todas las ovejas enfermas de tu rebaño en lugar de nutrirlas y tener cuidado de ellas. Si algunas de las personas en tu congregación necesitan una operación espiritual, en lugar de orar por ellos y nutrirlos, tú los mandas al matadero".

"En lo natural, si uno de los miembros de tu Iglesia tiene algo malo, serías capaz de, encontrar el problema, tomar un cuchillo, abrir el lugar y cortar el área infectada. Pero, ¿en qué clase de desorden se encontraría esa persona cuando hayas terminado? Pero, espiritualmente hablando, eso es lo que haces con tus ovejas enfermas".

El Señor dijo, "Necesitas nutrir a las ovejas enfermas, no eliminarlas. Podrías tener más de ellas sanas, si les dieras la Palabra. Y si una de ellas necesita una 'operación,' tú simplemente déjame eso a Mí, permíteme operar en ellas".

El Señor continuó, "Y, por supuesto, has estado bien financieramente porque has echado fuera de la Iglesia a todos aquellos que no diezmaban. Por lo que, obviamente, todos en la Iglesia pagan sus diezmos".

Este pastor le dijo al Señor, "Señor, he estado equivocado. Me arrepiento. Dios, por favor perdóname".

Después este pastor me dijo, "Me arrepentí ante el Señor y cambié. Desde entonces, la Iglesia ha estado creciendo".

Gracias a Dios por aquellos con un corazón de Pastor verdadero. Un buen Pastor da su vida por las ovejas (Juan 10:11). Las pone primero. Él es el que vigila sobre ellas. Él es quien tiene a su cargo a las ovejas y quiere lo mejor para las ovejas en su corazón.

En todos los años que he pastoreado, siempre les he dicho a las personas, "Si tú encuentras otra Iglesia donde eres alimentado mejor espiritualmente de lo que eres alimentado aquí, te animo para que asistas ahí. De hecho, insisto en que vayas porque en mi corazón quiero lo mejor para ti".

Si lo pastores quieren controlar la vida de las personas, y hacer que hagan lo que ellos quieren que hagan, probablemente terminarán perdiendo a la mitad de su congregación!

Después de la gran Depresión, fui a visitar a cierta Iglesia. En aquellos días, era la primera Iglesia de ladrillos, construida por Pentecostales, sobre la cual había oído. La mayoría de Pentecostales tenían Iglesias construidas de madera. Así que fui a visitar a ese Pastor.

Yo tenía cerca de 23 años de edad, y el pastor tenía 55 años. Mientras compartía con él, me contó sobre otro ministro que había venido a la ciudad y estaba teniendo conferencias en una carpa. Este pastor no estaba de acuerdo con todo lo que este ministro estaba enseñando.

Este pastor me dijo, "Yo me voy a levantar en el servicio del domingo y voy a prohibir a mi gente de que vaya a esa conferencia". El ministro que estaba realizando esta conferencia, básicamente estaba enseñando sana doctrina pero habían ciertas cosas que enseñaba que no se alineaban a la Palabra.

A pesar de que yo era más joven que este pastor, yo sabía que cometería un error al prohibir a su congregación de asistir a esta conferencia. Pero tú no les dices a los demás todo lo que sabes, especialmente cuando sabes que no te van a escuchar.

Así que el pastor se levantó en el servicio de la mañana del domingo para prohibir a su gente de que asista a esa conferencia. Esta situación era tan sólo un indicativo de su severa y dictatorial actitud sobre sus ovejas. En menos de un año, ese pastor no solo perdió su Iglesia, sino que quedó fuera del Ministerio. Él nunca regresó al Ministerio.

Cerca de un año después de que eso ocurrió, yo me encontraba pastoreando una Iglesia en ese mismo vecindario. Este mismo ministro que hizo las conferencias, comenzó a realizarlas otra vez cerca de mi Iglesia. Uno de los otros pastores del pueblo vino a mi y me preguntó, "¿Qué vas a hacer sobre ese ministro que está predicando en esta área?"

"Ni una sola cosa. Ni siquiera lo voy a mencionar ante mi congregación", le dije.

El pastor me dijo, "Yo voy a prohibir a mi congregación que asista a esas conferencias".

Le respondí, "Estarías cometiendo un error si haces eso," y le relaté lo que le sucedió al otro pastor que hizo la misma cosa.

"Pero", el pastor insistió, "si no prohíbes a tu gente que asista, algunos de ellos van a ir a esta conferencia".

"Seguro que van a ir, pero yo no soy un dictador. Los creyentes no están bajo una dictadura en la familia de Dios. Además, ese ministro no está en competencia conmigo. Yo estoy alimentando a mi gente con la Palabra".

El pastor dijo, "Bueno, yo voy a prohibir a mi gente de que asista".

Yo le dije, "Si haces eso, cada uno de ellos van a asistir tan solo para ver si es tan malo como dices. Es por eso que yo ni lo voy a mencionar a mi congregación".

Yo sabía que ese pastor estaba equivocado, pero no lo pude convencer. Yo nunca siquiera mencioné a mi congregación que el otro ministro estaba en el pueblo. Sin embargo, finalmente hubo tanta controversia vertida sobre las conferencias de ese ministro que provocó que la gente me preguntara sobre ellas. Después tuve que hacer una declaración pública sobre ello porque él iba a estar realizando sus conferencias durante todo el verano.

Yo le dije a mi congregación, "Muchos me han preguntado sobre las conferencias bajo la carpa en este pueblo. Yo no estoy de acuerdo con todo lo que ese hombre está predicando. Pero voy a decir que el noventa por ciento de lo que predica es absolutamente correcto. Una persona puede estar correcta en su corazón y equivocada en su cabeza. Yo pienso que él está equivocado en ciertas cosas, pero aún así Dios lo está bendiciendo. Está haciendo que la gente sea salva y sana, así que más poder para él".

"Algunas personas me han preguntado," continué, "si ellos pueden asistir a sus conferencias. Yo no soy un dictador. Tenemos servicios los domingos por la mañana, domingos por la noche y los miércoles por la noche. Cuando las puertas están abiertas, ustedes deben ser fieles con su Iglesia y estar aquí. El resto del tiempo, vayan a donde deseen ir. Tan sólo coman el trigo y dejen la paja".

Deberías saber que nunca perdí un miembro de mi Iglesia! Pero cuando el otro pastor ordenó a su Iglesia de que no asistan a esas conferencias, perdió siete de las mejores familias de su Iglesia. Realmente, casi perdió a su Iglesia, porque esas familias eran su soporte financiero constante, y después que se fueron, él ni siquiera pudo hacer los pagos de la Iglesia.

¡Los Pastores no deben ser dictadores! Por supuesto que si un ministro está enseñando doctrina que es dañina para la gente, entonces un pastor está obligado de advertir a su rebaño. Pero por otro lado, si el Pastor se mantiene alimentando a la gente, ellos van a continuar viniendo y no se van a ir a otras Iglesias.

Gobernando el Cuerpo Local Espiritualmente y Naturalmente

Existe tanto el lado espiritual como el natural para la palabra "gobiernos" de Primera de Corintios 12:28. En otras palabras, el Pastor tiene el cuidado espiritual de la Iglesia, pero también tiene que tratar con el lado natural de dirigir una Iglesia. Por ejemplo, los Pastores tienen que ver la compra de propiedades, construir nuevos edificios, comprar equipos, y cosas así. Todas esas cosas se realizan en el mundo natural.

Bueno, ¿debe el Pastor ver todo esto? Sí, hasta cierto punto. Sin embargo, si sólo utiliza su tiempo en cosas del mundo natural, no va a estar listo para predicar, ni tampoco va a tener la *unción* para predicar! Así que debe mantener cierto balance en esta área. He visto a algunos Pastores que pasan gran parte de su tiempo en el diario trajín de dirigir una Iglesia, que la unción para predicar y enseñar la Palabra comienza a desvanecerse.

Mientras que su Iglesia crece y se desarrolla, el Pastor necesita tener suficiente sabiduría para delegar algunas de las tareas y responsabilidades naturales. En el lado natural de dirigir una Iglesia, el Pastor no necesariamente llevará las finanzas de la Iglesia. Pero el necesita mantener cierta supervisión en el área financiera.

En otras palabras, él puede delegar esa responsabilidad a alguien, pero aún él necesita saber lo que está sucediendo financieramente en su Iglesia. Algunos Pastores delegan todas las responsabilidades naturales a otros y finalmente pierden su Iglesia porque no supervisaron o sabían acerca de ninguna de las funciones naturales. Hay un balance.

Así mismo, el hecho de que un ministro sea un predicador no significa que sea un hombre de negocios o que tenga la habilidad y la experiencia en tareas naturales, como por ejemplo, en los proyectos de construcción de la Iglesia. Algunos Pastores la tienen y otros Pastores no. Sea que el Pastor tenga o no la habilidad natural, sería sabio para él tener algún tipo de junta asesora que le aconseje en materia de negocios de la Iglesia.

Pero por la palabra "gobiernos", la Biblia está diciendo que el Pastor es la cabeza espiritual de la asamblea local. En la Iglesia local no hay una autoridad *espiritual* mayor que la del Pastor, porque él tiene la supervisión *espiritual* del cuerpo local.

Nosotros vemos un ejemplo de las tareas y responsabilidades naturales de dirigir una Iglesia siendo delegadas a otros en la Iglesia Primitiva. Estos hombres que fueron escogidos para asistir en los asuntos naturales en la Iglesia fueron los primeros diáconos.

HECHOS 6:1–6

1 En aquellos días, como creciera el número de los discípulos, hubo murmuración de los griegos contra los hebreos, de que las viudas de aquellos eran desatendidas en la distribución diaria.

2 Entonces los doce convocaron a la multitud de los discípulos, y dijeron: No es justo que nosotros dejemos la palabra de Dios, para servir a las mesas.
3 Buscad, pues, hermanos, de entre vosotros a siete varones de BUEN TESTIMONIO, LLENOS DEL ESPÍRITU SANTO Y DE SABIDURÍA, a quienes ENCARGUEMOS DE ESTE TRABAJO.
4 Y nosotros persistiremos en la oración y en el Ministerio de la Palabra.
5 Agradó la propuesta a toda la multitud; y eligieron a Esteban, varón lleno de fe y del Espíritu Santo, a Felipe, a Prócoro, a Nicanor, a Timón, a Parmenas, y a Nicolás prosélito de Antioquia;
6 a los cuales presentaron ante los apóstoles, quienes, orando, les impusieron las manos.

Recuerda que los Apóstoles eran los únicos ministros que la Iglesia Primitiva tenía, para empezar, y al principio la Iglesia en Jerusalén era el único cuerpo local que existía. Pero para el tiempo que este acontecimiento ocurrió en Hechos 6, el cuerpo local en Jerusalén había crecido lo suficiente como para que sea necesario escoger hombres que puedan administrar los negocios y los asuntos naturales de la Iglesia.

Sabemos por las Escrituras de que la Iglesia de Jerusalén había crecido hasta por lo menos 8,120 miembros (Hechos 1:15; 2:41; 4:4). Hasta ese momento los Apóstoles habían hecho todo el trabajo del Ministerio, ellos habían cargado tanto con las tareas *espirituales* y *naturales*.

La palabra griega "diácono" significa, hablando en términos generales, un *ayudador*. El hecho de que estos diáconos ayudaran en los asuntos naturales de la Iglesia, permitió a los Apóstoles tener la libertad para predicar y enseñar la Palabra de Dios.

En Hechos 6:3, podemos ver los límites del Ministerio de los diáconos: *"...varones...a quienes encarguemos de este TRABAJO..."* En ningún lugar del Nuevo Testamento vas a encontrar juntas de diáconos decidiendo *doctrina* de la Iglesia o teniendo la *supervisión espiritual* de la Iglesia. Los Apóstoles delegaron las tareas *naturales* y los asuntos de *trabajo* de la Iglesia a este grupo de hombres, y estos diáconos fueron escogidos teniendo en cuenta ciertas cualidades.

Primero, los diáconos fueron escogidos por su *reputación honesta*. Ellos tenían que estar *llenos del Espíritu Santo*. Pero nota que también se requería que tuvieran *sabiduría*. Si los diáconos, que tan sólo son ayudadores en la

Iglesia, necesitan tener una reputación honesta y sabiduría—cuánto más deberían tenerla los predicadores del evangelio!

La razón por la que algunos predicadores fracasan es porque no tienen un buen testimonio, y les falta sabiduría al manejar el dinero. O algunos ministros fallan porque ponen a personas que no tiene buen testimonio en posiciones para manejar dinero, o que no tienen sabiduría práctica en asuntos de trabajo. Eso no es bíblico. La gente no debería manejar dinero si es que no cuentan con un buen testimonio o si es que les falta sabiduría en asuntos financieros.

Pero existe otro lugar donde algunos Pastores están fallando. Algunos Pastores de congregaciones pequeñas ponen un administrador sobre los asuntos de trabajo para que ellos puedan dedicarse a la oración y la Palabra. Entonces estos Pastores se van al extremo y no ven nada de los asuntos de trabajo de la Iglesia.

Pero si el Pastor no revisa los asuntos financieros de la Iglesia, su Iglesia puede meterse en un embrollo financiero, y él puede no enterarse hasta que ya es muy tarde. Es por eso que un Pastor necesita saber lo que está sucediendo financieramente en su Iglesia, aún si ha delegado las tareas financieras a otros.

Yo he pastoreado congregaciones pequeñas de doscientas, trescientas personas, y sabía todo lo que ocurría espiritualmente y financieramente en la Iglesia. Al mismo tiempo yo hacía bastante oración y estaba en la Palabra continuamente. Yo no manejo el dinero; delegué eso a otra persona, pero la persona me rendía cuentas, así que yo sabía lo que sucedía financieramente en la Iglesia.

Pastores y Juntas de la Iglesia

Cuando fui bautizado con el Espíritu Santo y me acerqué a los círculos Pentecostales, yo no sabía mucho en algunas de estas áreas. En cada Iglesia que yo he pastoreado, he encontrado que los pastores anteriores habían tenido problemas con la junta de sus Iglesias.

Yo no pienso que el gobierno de la Iglesia estuvo exactamente correcto en todas las Iglesias que he pastoreado. Yo sabía de la Palabra, y que el Pastor tiene la supervisión de la Iglesia local, tanto espiritual como naturalmente.

Aunque en algunas de estas Iglesias que he pastoreado, las Juntas de la Iglesia querían dirigir la Iglesia tanto natural como espiritualmente.

Bueno, yo no vine a esas Iglesias para tratar de cambiar su gobierno de Iglesia. Yo vine a predicar la Palabra y ser una bendición para las personas, y para tener cuidado del rebaño de Dios en esa Iglesia local.

Si hubiese ido a esas Iglesias con la actitud de querer cambiar todo de la noche a la mañana, hubiese tenido las cosas hechas un desastre, y la Junta me hubiese mandado fuera. Y hubiese sido lo correcto que hagan eso. Pero yo no tomé una actitud dictatorial. Yo fui a esas Iglesias a ayudar y ser de bendición para las personas y trabajar con sus estructuras existentes de la Iglesia.

Por ejemplo, en la última Iglesia donde fui Pastor, necesitábamos ampliar la Iglesia y volver a decorar el santuario. Esa es la parte natural de dirigir una Iglesia, no es así? Y requiere tratar con la parte de negocios del Ministerio.

Yo tuve el sentido común necesario para no ir a la Junta que existía desde mucho antes que yo llegase ahí, y demandar, "Vamos a remodelar esta Iglesia de la manera que yo quiero".

Al contrario, yo les pregunté, "¿Cómo quieren remodelar? Después de todo, ésta es su Iglesia. Después que me vaya, aún van a estar ustedes aquí. Así que consideremos las necesidades de la congregación entera cuando remodelemos este santuario".

Todos los demás Pastores habían tenido problemas al trabajar con esa misma Junta. Pero me di cuenta que los otros Pastores habían venido con una actitud dictatorial, *Yo quiero que todos sepan que yo soy el Pastor aquí. Yo estoy dirigiendo esta Iglesia, y lo que digo se hace! Ustedes hacen lo que yo les diga!*

Querido Dios, un Pastor con una actitud así se va a meter en problemas con cualquier Junta de la Iglesia! Un Pastor no debe de ir a una Iglesia y empezar a tratar de cambiar todo. Él debe trabajar con la Junta existente y gobierno de la Iglesia. Si no puede hacer eso, no debería pastorear esa Iglesia.

Yo no tuve el problema que algunos Pastores tuvieron con sus Juntas de la Iglesia porque yo no tuve una actitud dictatorial. Yo no intenté entrar a una Iglesia y tomar el control y cambiar todo de una vez. Lo más que se pueda, un Pastor debe tratar de trabajar con la Junta de su Iglesia existente.

Recuerdo a un Pastor que no hizo eso. Cuando este Pastor se encargó de cierta Iglesia, decidió que tenía que cambiar totalmente el gobierno de la Iglesia. Me dijo a mi personalmente, "Dios no puede bendecirnos porque no tenemos el correcto gobierno para la Iglesia. Así que voy a tener que instituir un gobierno para la Iglesia del Nuevo Testamento".

Yo intenté que él no hiciese eso. Le dije, "Antes que nada, no has estado ahí el tiempo suficiente para empezar a tratar de cambiar las cosas. En segundo lugar, esa Iglesia existe desde antes que tú llegaras ahí, así que no vas a poder cambiar las cosas de la noche a la mañana. Pastorea por lo menos un año, probablemente dos años, sin cambiar una sola cosa de la estructura de la Iglesia".

Le dije, "Tan sólo demuéstrales a las personas que las amas. Un buen Pastor da su vida por las ovejas. Y una vez que les hayas probado que los amas y que quieres lo mejor para ellos, te van a seguir a dondequiera que Dios te guíe".

Me dijo, "Pero no vamos a tener las bendiciones de Dios y las demostraciones de Su poder hasta que tengamos el correcto gobierno de la Iglesia".

Le dije, "Eso no es cierto! Yo sé algo mejor que eso. He pastoreado por casi veinte años, y voy a ser totalmente honesto contigo. Ninguna de las Iglesias que he pastoreado ha tenido lo que yo considero 'un correcto' gobierno de la Iglesia del Nuevo Testamento. Pero no he tratado de cambiar nada. Y aún así, cada Junta de las Iglesias me dijeron, 'Desde que estás aquí hemos experimentado el crecimiento más grande, y el mayor mover del Espíritu Santo en la historia de nuestra Iglesia'.

Como ves, lo que Dios hace y cómo se manifiesta en una Iglesia no depende en el gobierno de la Iglesia—a menos que haya sido llevada totalmente fuera de las guías de la doctrina del Nuevo Testamento. Dios está más interesado en que nosotros caminemos en amor y en unidad el uno con el otro, que de lo que está en lo que técnicamente consideremos la correcta estructura.

Le pregunté a este Pastor, "¿Está Dios bendiciendo tu Iglesia? ¿Hay personas que están siendo salvas, sanadas o bautizadas en el Espíritu Santo?"

Me dijo, "Sí, casi en cada servicio".

Le respondí, "Entonces me parece que Dios te está bendiciendo".

Después me dio su idea de un correcto gobierno de la Iglesia. ¿Sabes lo que era? Era, *"Yo soy la cabeza, así que yo voy a controlar todo el dinero".*

Le dije, "Será mejor que te fijes en eso. No lo hagas".

Hablé con él muchas veces, pero no me escuchaba. Yo sabía lo que iba a ocurrir, y sucedió. Después de que cambió el gobierno de la Iglesia e instituyó lo que consideraba que era lo correcto, fue asombroso como Dios los "bendijo"! Cuando él recién comenzó a pastorear esa congregación, los miembros eran algo de 1,500 personas. Después de que instituyó su idea del "correcto" gobierno de la Iglesia, casi después de 18 meses, tenía menos de 200 personas.

Él fue muy duro para oír. Tenía casi la misma edad que yo tenía cuando pastoreaba. Una cosa que puedo decir honestamente como joven ministro, es que siempre he escuchado a ministros que han tenido más experiencia en la fe. Sea que estuviera de acuerdo con ellos o no, siempre tomé con el corazón lo que decían porque yo sabía que eran más maduros en el Ministerio.

Algunos de ellos no sabían nada acerca del así llamado, mensaje de fe. Pero sabían bastante acerca de otras cosas que me ayudó y me bendijo inmensurablemente. Una persona debe tener el sentido común suficiente para mantenerse enseñable y saber escuchar a ministros con más años, que tienen más experiencia en el Ministerio.

Como un ministro joven, yo comprendí la necesidad de trabajar con las Juntas de la Iglesia existentes en las Iglesias donde fui Pastor. Cada una de esas Iglesias existió antes de que yo estuviese en ellas, así que no era *mi* Iglesia. Es diferente si un Pastor construye una Iglesia desde el principio y es el pionero de una obra.

Si empieza una obra por si mismo, él puede hacer las cosas de la manera como sienta que el Señor lo dirige. Pero aún así, debe ser cuidadoso de que camina en amor y que no se convierta en un dictador. Aún si él ha empezado la Iglesia, aún así no es *su* Iglesia; es la Iglesia del Señor. Y aún él va a tener que caminar en amor y poner a las personas en primer lugar.

El amor siempre considera a la otra persona primero. Cuando se trata de la supervisión espiritual de la Iglesia, estas Juntas entendieron que yo era la cabeza de la Iglesia y nunca intentaron decirme qué hacer. Me honraron y yo los honré.

Algunos Pastores también se equivocan con la Junta de sus Iglesias porque dicen, “El Señor me dijo tal y tal cosa, así que lo vamos hacer así!” Yo nunca le dije eso a ninguna Junta de la Iglesia, aún si el Señor me había dicho algo, porque entonces eso los pone bajo yugo de hacer lo que les he dicho.

Por ejemplo, en una de las Iglesias donde fui Pastor, teníamos una reunión de trabajo una vez al mes. Discutíamos asuntos de dinero—propiedad, seguros de los edificios, y asuntos de trabajo generales de la Iglesia.

El hermano Haynes era uno de los miembros de la Junta, y de la manera que él votara, los otros dos miembros de la Junta lo hacían. Yo dejaba que el hermano Haynes dijera lo que quisiera, y después si yo sabía que el Señor estaba guiando en sentido contrario, yo decía, “Intentemos hacerlo de esta manera, y si se prueba que es incorrecto, podemos cambiarlo y hacerlo a tu manera”.

Eso sonaba razonable, así que todos estaban de acuerdo. Después de nueve meses, el hermano Haynes dijo, “El hermano Hagin ha estado aquí por nueve meses, y nunca ha sugerido algo que no haya funcionado bien. Dejemos en claro ahora mismo que lo que sea que él quiera hacer, lo vamos a seguir”.

Mis sugerencias funcionaron porque yo busqué a Dios en las situaciones, y yo tenía la mente del Señor en lo que fuera que íbamos a hacer. Necesariamente yo no le dije a la Junta eso, pero me probé a mi mismo, y ellos confiaron en mí. Ellos vieron de que yo los amaba y que quería lo mejor para ellos. Cuando la Junta de una Iglesia confía en un Pastor, usualmente están dispuestos a trabajar con él e implementar sus ideas.

Yo me gané su confianza, así que me apoyaron en lo que yo quisiese hacer. Ellos sabían que yo no me aprovecharía. Yo viví correctamente e hice lo correcto delante de ellos, y ellos sabían que podían confiar en mí.

Pero tiempo después que me fui de esa Iglesia, tuvieron otro Pastor. La Iglesia tenía siete fondos diferentes de caridad para ayudar a las personas, incluyendo un fondo para las misiones, para hospitales y para el edificio. La Junta de la Iglesia le dio todas las finanzas de la Iglesia al nuevo Pastor, y él les robó cada centavo que tenían.

Uno de los diáconos de la Iglesia me contó, "Pudimos haberlo puesto en la cárcel, pero no queríamos publicitar de que un Pastor del Evangelio Completo había sido arrestado por desfalco".

Ese Pastor sabía que la Junta de la Iglesia no lo iba a enjuiciar porque crearía un escándalo para la Iglesia, y se aprovechó de eso. Una persona así es un estafador. Hablando de falsos Pastores—ese hombre era un falso Pastor! Un hombre como ese no es más Pastor que esas personas que claman ser Apóstoles y Profetas y que quieren regir sobre todos de tal manera que las Iglesias diezmen a ellos.

Como ves, una Junta de Iglesia puede encontrarse en este triste dilema en el lado práctico de dirigir una Iglesia. Por un lado, para evitar ser estafados, una Iglesia puede tener estrictas reglas que puedan atar las manos de un Pastor y hacer que sea difícil para él hacer algo. Pero por otro lado, si una Iglesia le entrega todos sus asuntos financieros a un Pastor nuevo sin verificaciones y balances, algunos inescrupulosos pueden venir como ese hombre y robar cada centavo que tengan.

Así como hay algunas guías para la dirección de la Iglesia, no existen reglas determinadas. Yo siempre opero en lo que la Biblia dice. *"...Procurad lo bueno delante de todos los hombres"* (Romanos 12:17). Si un Pastor procura caminar con el Señor, y su corazón es correcto delante de Dios, él no va a querer aprovecharse de la gente. Él quiere bendecirlos y dar su vida por las ovejas.

CAPÍTULO 13

DIFERENTES ESTRUCTURAS DE LA IGLESIA

Los diferentes tipos de estructura de la iglesia han surgido en diferentes denominaciones. La gente pregunta, "¿Qué tipo de gobierno de la iglesia es el correcto?" En realidad hay ciertas verdades y beneficios para cada uno de ellos. Y algunas veces yo creo que Dios no nos bendice *por* nuestras estructuras de la iglesia sino a *pesar* de ellas.

En una organización de iglesia en particular, por ejemplo, los supervisores de distrito de la denominación escogieron a los pastores para sus iglesias. Ellos se basaban en el principio que las ovejas del rebaño no votan por quien debería ser su pastor. Por lo tanto, ellos razonaron de que solamente los supervisores del distrito o los supervisores de las ovejas están calificados para seleccionar al pastor de las ovejas del cuerpo local.

Ese sistema parece funcionar bien para ellos. Sus fundamentos doctrinales son bíblicos así que Dios puede bendecirlos. Y ellos han experimentado un crecimiento sustancial de la iglesia.

En otra organización líder, la congregación elige y vota por un pastor. Ellos también experimentan las bendiciones de Dios en su denominación. La gente es continuamente salva, sanada y llena con el Espíritu Santo.

Otra organización ha elegido una combinación de los dos tipos de gobiernos de Iglesia. Sus supervisores de distritos se reúnen con la junta y sugieren a quien sienten que el Señor está dirigiendo para ser el nuevo pastor, entonces todos oran por ello y lo exponen delante de la congregación para que den su voto.

Un supervisor de distrito de esta denominación en particular me dijo, "yo siempre digo a la congregación, 'comprendan que no tienen que aceptar a este pastor si ustedes piensan que no es la voluntad de Dios para esta iglesia. Pero yo he orado al respecto, la junta ha orado por ello, y ahora ustedes oren por esto' ".

¿Cuál es el gobierno correcto para la iglesia? Todos tienen sus beneficios. Pero el punto es que el pastor tendrá que trabajar de acuerdo al marco del existente gobierno de la iglesia donde está pastoreando. El necesita quedarse con esa estructura y no debe tratar de cambiarla.

Yo asistí a un Concilio General de cierta denominación en 1951. El Secretario General de esa denominación me dijo algunas cosas del gobierno de la iglesia que fueron de mucha ayuda.

El dijo, "cuando recién empecé a pastorear, mi iglesia era la única iglesia del Evangelio Completo en el pueblo, y yo había predicado a mi congregación que ser organizados era malo y pecaminoso; pero en el proceso del tiempo, yo ví la necesidad de tener un tipo de organización o gobierno de la iglesia".

Así que este ministro envió cartas a varios ministros, y como resultado, él fundó una denominación líder.

"Pero" él dijo, "yo había enseñado a mi gente que la organizaciòn era mala, así que cuando comenzamos a organizarnos, ¡yo perdí la mitad de mi iglesia! Ellos me dijeron, '¡tu has cedido!, el diablo se ha apoderado de tí. Dios no te puede bendecir con ese espíritu de renuncia.' Ellos fueron al otro lado del pueblo y fundaron una obra independiente".

Este pastor dijo, "cuando la mitad de los miembros de mi iglesia se fueron a otra parte del pueblo y formaron una iglesia independiente, nos llamaron a nosotros renegados y nos dijeron que Dios no nos podía bendecir porque nosotros estábamos operando con un marco del gobierno de una iglesia organizada. Ellos proclamaron, 'Dios *puede* bendecirnos a *nosotros* porque somos independientes. No tenemos ningún yugo'".

"Pero", el pastor continuó, "dos o tres años pasaron y para mi gran sorpresa, esa otra iglesia creció tanto como nosotros crecimos. Ambas de nuestras congregaciones se duplicaron, alcanzamos a los perdidos y así también lo hicieron ellos y Dios nos bendijo a ambos".

"Finalmente, después de más o menos cinco años, ese pastor vino y me dijo, '¡Dios tuvo misericordia de ambos! Yo he estado observando tu iglesia y estaba seguro que Dios no podía bendecirte porque te habías organizado pero Él te bendijo y has crecido. Y Dios nos ha bendecido y hemos crecido; olvidemos nuestras diferencias. Nosotros mantendremos nuestro gobierno de iglesia y ustedes mantengan el suyo, pero tengamos compañerismo el uno con el otro'".

El pastor dijo, "así que yo empecé a predicar en su iglesia y él comenzó a venir a predicar a mi iglesia. Me di cuenta que a Dios no le interesaba tanto sobre nuestros diferentes gobiernos de iglesia como pensábamos que lo hacía. El nos bendijo a ambos a pesar de nuestras diferencias".

¿QUIÉN ES UN ANCIANO?

En mi pueblo natal, cuando era un niño, una de las iglesias se dividió debido a la pregunta "¿quién es un anciano?" y "¿qué constituye el oficio de un anciano?". Un grupo dejó la iglesia y construyó otra iglesia, y escogieron a hombres de negocios para que sean ancianos y se hagan cargo de la iglesia. Ellos pensaron que ése era el correcto gobierno de la iglesia.

Ellos empezaron con una congregación de más de cien personas, y después de algunos años, ¡sólo cinco personas quedaron en esa congregación!

Como ve, los hombres de negocios no tienen la unción sobre ellos para estar en el oficio del pastor. Un ministro ordenado—un hombre que ha sido llamado para el oficio de pastor—pastoreaba la otra iglesia en el pueblo. Esa iglesia continuó creciendo hasta que llenaron todos sus edificios y tuvieron que construir un nuevo edificio para la iglesia. ¡Ese tipo de crecimiento dice algo acerca del correcto gobierno de la iglesia!

Cuando Pablo se refiere a *ancianos* o *pastores* (Hechos 20:28), él se està refiriendo a personas que son llamadas al oficio pastoral. Predicadores y maestros de la Palabra están equipados espiritualmente para alimentar al rebaño de Dios con la Palabra. Estos ancianos no eran hombres de negocios que hubiesen sido puestos a cargo de la iglesia.

No es bíblico poner a hombres de negocios que no han sido llamados o ungidos como supervisores espirituales en un cuerpo local, o tener una junta de ancianos conformada por hombres de negocios. En términos de la iglesia local, un *anciano* es un pastor—un predicador o maestro de la Palabra—no un hombre de negocios que ha sido puesto para que sea un anciano en la iglesia.

Los hombres de negocios pueden ser ayudantes o diáconos, y muy frecuentemente su experiencia financiera y de negocios puede ser una gran ayuda para el pastor. Pero los hombres de negocios no tienen unción sobre ellos para estar en el oficio del pastor. No tienen unción sobre ellos para supervisar a la iglesia de Dios, y tampoco tienen unción para alimentar al rebaño de Dios con la Palabra.

Sólo alguien que esté equipado por el Espíritu Santo puede estar en un oficio del ministerio—el oficio del pastor—puede ser un anciano (en el sentido espiritual del término), o un obispo. Un hombre de negocios no tiene la unción o el equipamiento espiritual para estar en un oficio del ministerio.

Como ve, bíblicamente hablando, cada pastor es un anciano. En realidad cada ministro ordenado es un anciano ya sea un Apóstol, Profeta, Evangelista, Pastor o Maestro. El anciano no es un oficio separado de los cinco Dones del Ministerio.

Esa es la razón porque la Biblia enseña que no debemos tomar a un neófito y ponerlo en un oficio de autoridad, en un oficio del ministerio. Debemos esperar hasta que pruebe su ministerio y gane cierta madurez espiritual y experiencia antes que sea ordenado para ser un anciano total en el Cuerpo de Cristo.

Es importante que los ministros alcancen cierta edad, madurez y experiencia en el ministerio, antes de ser ordenados, porque la ordenación es el acto donde oficialmente se reconoce que un ministro ha llegado a ser un anciano pleno en el Cuerpo de Cristo. Ser anciano no es para aquellos que recién empiezan en el ministerio o para neófitos espirituales.

Por supuesto que las personas pueden comprar ordenaciones de organizaciones de un día para el otro. Muchos hacen eso y se llaman así mismos "Ministros". Pero eso no hace que sean ellos Ministros ordenados del Evangelio. Ellos son tan sólo bebés espirituales jugando a la iglesia. Ministros y Ministerios primero deben ser probados. Y los Ministros necesitan estudiar para mostrarse a sí mismos aprobados (1 Timoteo 3:10; 2 Timoteo 2:15), asimismo la Biblia da ciertas calificaciones para Ministros (1 Timoteo 3:1–13; Tito 1:6–9).

Así que el Apóstol, Profeta, Maestro y el Evangelista, todos son ancianos en el Cuerpo de Cristo porque han sido ordenados para el Ministerio a tiempo completo. Y un Pastor es ciertamente un anciano en el Cuerpo de Cristo que Pastorea al rebaño local.

PLURALIDAD DE ANCIANOS

La gente ha peleado pequeñas batallas o pequeñas guerras en el tema de ser ancianos y del gobierno de la iglesia. Algunos enseñan que la pluralidad de ancianos o junta de ancianos—deben gobernar a la iglesia para que ésta pueda ser una iglesia del Nuevo Testamento.

Pero en ningún lugar de la Biblia tú encuentras una estructura donde la junta de ancianos domina a la iglesia local y le dice al Pastor y a la congregación lo que debe de hacer. Ese tipo de estructura no está en las Escrituras.

Algunas personas preguntan si es bíblicamente correcto la *pluralidad* de ancianos, depende de lo que quieran decir con eso. Si por pluralidad de ancianos ellos quieren decir que diferentes Ministros de igual autoridad deberían dirigir una iglesia, la respuesta es no. Cualquier cosa con dos o más cabezas es un fenómeno. ¡Tú no puedes tener cinco ancianos o Pastores con igual autoridad gobernando una iglesia! Sería imposible.

Pero si por pluralidad de ancianos, la gente quiere decir que el Pastor más antiguo es el que supervisa a la iglesia, y que él tiene Pastores asociados o asistentes ayudándolo, la respuesta es sí, eso es bíblico. Eso no es un liderazgo teniendo dos cabezas sino que es una pluralidad de ancianos. Los Pastores asociados hacen sus aportes, pero el Pastor principal toma la decisión final. Alguien tiene que ser el Pastor principal de la iglesia local.

Si el Pastor tiene una congregación pequeña, él usualmente puede tener cuidado de la gente, y realmente no va necesitar ancianos o Pastores asociados para que lo ayuden. Pero el Pastor debe tener el suficiente sentido para saber cuándo necesita Pastores asociados para que lo ayuden a tener cuidado de las ovejas.

Algunas iglesias llaman a sus Pastores asociados: "*ancianos*". Otros los llaman "pastores" u "obispos". Nosotros tenemos escrituras para todos esos términos. Dios puede ser que levante a alguien de la propia congregación del Pastor para que lo ayude, quien está llamado a alguno de los cinco Dones Ministeriales y que es un trabajador ferviente en la iglesia. De todas formas, él no puede ser un novato en las cosas espirituales.

Algunas personas enseñan que en la iglesia primitiva se tuvo una pluralidad de ancianos como gobierno de la iglesia. Ellos citan el pasaje en Hechos 20:17 donde Pablo hace referencia de los ancianos en la iglesia de Efesios como un ejemplo de pluralidad de ancianos.

Pero como puedes ver, esa iglesia era la única que tenían en Efeso en ese tiempo. En ese entonces la iglesia pudo haber tenido muchos miembros. y puede ser que haya tomado más de una persona el pastorearla.

Lo mismo se puede decir de la iglesia madre en Jerusalén. Cuando tú hablas de pluralidad de ancianos al pastorear una iglesia debes tomar en consideración que la iglesia en Jerusalén, para empezar era el único cuerpo local, y era una iglesia grande.

Ciertamente tomaba más de un Pastor para supervisar a todas esas personas, ¿no es así? Ellos debían tener una pluralidad de ancianos para administrar adecuadamente a todas esas personas.

Hacemos lo mismo hoy en día en nuestras iglesias grandes, aunque no los llamamos necesariamente "ancianos", los llamamos asistentes o asociados. Pero en una iglesia pequeña de un par de cientos de personas, una pluralidad de ancianos no es usualmente necesaria.

Déjame darte un ejemplo del desarrollo de una pluralidad de ancianos en una iglesia local. Rhema Bible Church ha sido registrada formalmente como una iglesia desde 1976. Yo he enseñado ahí ocasionalmente, así como otros. Pero en 1985 comenzamos la iglesia con un horario completo de servicios y mi hijo Kenneth W. Hagin oficialmente comenzó como el Pastor.

Como Pastor, Kenneth es la cabeza de la iglesia; yo no. El es mi Pastor. Aunque yo estoy en el oficio del Profeta y del Maestro, yo no tengo nada que ver en cuanto al gobierno de Rhema Bible Church; yo no soy parte del staff Pastoral, tampoco ayudo a gobernar la iglesia. Tan sólo me siento con todos los demás y disfruto los servicios.

Cuando Rhema Bible Church comenzó, Kenneth tuvo tres Pastores asociados, un Ministro de jóvenes, y un Ministro de música. Conforme la iglesia creció y se desarrolló, Kenneth añadió un Ministro de niños al staff de la iglesia. Esa es una real pluralidad de ancianos. Pero no la llamamos así; nosotros la llamamos Pastores asociados. La iglesia está continuamente creciendo en números así que los Pastores fueron y son necesarios para administrar adecuadamente a todas las personas.

Por otro lado cuando Pastoreé iglesias en el campo realmente no necesite un asociado. Pero cuando necesité ayuda ocasionalmente, conseguí a alguien más para que me ayude. Eso no significa que esa persona tenga que venir y dirigir las cosas; él estaba ahí para asistirme. Pero tampoco era un dictador. Un Pastor no debe tomar un punto de vista dictatorial al gobernar un cuerpo local porque entonces él no está caminado en amor.

Lo que estoy tratando de decir es que muchas iglesias locales hoy en día tienen un staff de Pastores, una pluralidad de ancianos ha estado funcionando todo el tiempo. Nosotros no los llamamos a ellos "ancianos" aunque ésa sea su función en la iglesia local. Tan sólo los llamamos Pastores asociados.

FALSOS PASTORES Y MINISTROS

Sí existen falsos Pastores y falsos Ministros. Un *falso* Ministro es aquel que está tratando de operar en un oficio para el cual no ha sido llamado. Cualquiera que esté en el Ministerio por ganancia personal y que no tiene a las personas en su corazón es falso. Existen los falsos Pastores, así como hay los falsos Profetas y falsos Apóstoles—o cualquier otro don del Ministerio de ese tipo.

Los falsos Pastores son aquellos en el Ministerio Pastoral que no han sido llamados ni para el oficio o que están poniéndose a sí mismos y a sus propios intereses antes que a las necesidades de las ovejas. Un falso Pastor también es aquel que hiere y divide a su rebaño.

Un buen Pastor preferiría morir antes que ver a su iglesia dividirse o ser herida en cualquier forma. Pero yo he conocido algunos llamados Pastores, especialmente años antes, que causaron problemas en cada iglesia que Pastorearon. Ellos se ponían a sí mismos antes que a la iglesia.

Una persona que hace eso no tiene el corazón de un Pastor. Un buen Pastor pone a la gente antes que a sus propios intereses y deseos, y él se sacrifica y da su vida por las ovejas, incluyendo proteger a su congregación de falsos Ministros y falsa enseñanza.

Por eso un Pastor necesita ser cuidadoso de aquellos a los que invita para predicar en su púlpito. Un Pastor no necesariamente está de acuerdo en todo aquello de menor importancia que otros Ministros puedan predicar. Pero hay doctrinas extremas que quiebran iglesias y que hieren a gente inocente.

Por eso el Pastor debe chequear o debe evaluar a los Ministros y verificar que es lo que ellos predican antes de invitarlos a predicar en su iglesia. Y él tampoco debe creer todo lo que un Ministro viajero le dice acerca de sus alcances en el Ministerio.

Un Pastor debe ver qué efecto tienen los Ministros viajeros en las iglesias donde han predicado—si es que ha sido positivo o negativo. ¿Ha sido el Ministro viajero una bendición en las iglesias donde ha estado ministrando? ¿O ha causado división y contienda donde quiera que ha predicado? Si los Ministros han confundido las iglesias doctrinalmente en el pasado, es probable que también sigan dejando a las iglesias en el mismo enredo.

Necesitamos recordar que Pablo expuso a los falsos Ministros por el bien del Cuerpo Cristo. El dijo, *"más os ruego, hermanos, que os fijéis en los que causan divisiones y tropiezos en contra de la doctrina que vosotros habéis aprendido, y que os apartéis de ellos"* (Romanos 16:17).

Como puedes ver, no estamos hablando de exponer Ministerios individuales solo para herir y dañar su reputación. Pero un Pastor debe estar interesado en *declaraciones* y *doctrinas* bíblicas saludables. El necesita proteger a su rebaño, y algunas veces en bien de su rebaño, él va ha tener que exponer el error si es que está dividiendo e hiriendo al cuerpo local.

Un error del cual el Pastor necesita guardar su rebaño es de los así llamados Profetas que parecen estar rondando por la iglesia hoy en día. ¿Qué es un falso Profeta? Primero, se refiere a aquel que se dice Profeta, que va a una iglesia del Pastor y da una profecía pública a él de una forma que lo avergüenza y divide su iglesia. ¡Las profecías que dividen una iglesia y avergüenzan a un Pastor no son de Dios!

En nuestros días, a veces oímos de los llamados Profetas que van a una iglesia y profetizan públicamente al Pastor, "¡Dios me enseña de que tú ya has terminado aquí. Tu deberías dejar esta iglesia!"

Cualquiera que públicamente profetiza al Pastor desde el púlpito y divide y hiere a su iglesia, es un falso Profeta. No solamente no es bíblico sino que es una mentira. Cualquier llamado Profeta que dice cosas así necesita dejar de mentir en Dios. ¡Dios nunca le diría algo a alguien para avergonzar al Pastor frente a su propia congregación y confundir y herir a las ovejas!

Como puedes ver hay una línea delgada entre fanatismo y verdadera espiritualidad. Es por eso que los Ministros viajeros necesitan ejercitar bastante sabiduría y discreción cuando van a la iglesia de alguien. Los Ministros viajeros pueden saber algunas cosas en el espíritu, pero eso no quiere decir que ellos vayan y publiquen lo que ellos saben.

Mi esposa y yo visitamos cierta iglesia, en donde el Pastor era uno de nuestros RMAI (RMAI es el nombre de nuestra asociación Ministerial, Asociación Ministerial Internacional Rhema). Al segundo día que visitábamos la iglesia, yo le dije a mi esposa, "¿puedes sentir que Dios tiene algo más para que el Pastor haga, y de que es tiempo de que él deje esta iglesia?". Ella coincidió que también había sentido eso en su espíritu.

Pero nosotros no llamamos a la iglesia y profetizamos eso en frente de nadie. Tampoco tuvimos una reunión con la junta de la iglesia ni lo avergonzamos a él al decir de que él debería salirse de la iglesia. Hablamos con él en privado.

Aún así nosotros no dijimos, "tenemos una palabra de Dios para ti". Nosotros muy gentilmente sugerimos, "sería bueno que ores y busques al Señor porque sentimos en nuestro espíritu que Dios tiene algunas cosas para ti".

Después de eso el Pastor comenzó a orar y a buscar a Dios, y después él nos llamó y nos contó, "Dios me ha dicho que es tiempo de que deje la iglesia, Él tiene otras cosas para que yo haga".

Al tratar con algo públicamente, que debería ser hecho en privado, podemos crear gran daño en esa iglesia, dividiéndola, y desorganizando el plan de Dios para ese cuerpo local.

Usualmente Ministros que causan problemas y dividen iglesias son aquellos que tienen la actitud, *¡nadie me va a decir qué es lo que tengo que hacer!* O, *¡nadie me va a decir qué es lo que tengo que predicar!* Pero si un Ministro no puede ser una bendición para una congregación, entonces no tiene nada que ver con predicar.

Capítulo 14

La Responsabilidad Ministerial

Cada ministro debe ser responsable ante alguien, porque la Biblia dice: *"Porque ninguno de nosotros vive para sí, y ninguno muere para sí"* (Romanos 14:7). Realmente, no hay tal cosa como una obra *independiente* o un ministro *independiente*. Todos nosotros dependemos uno del otro, porque todos somos miembros de un mismo cuerpo (Romanos 12:5; 1 Corintios 12:12). Nos necesitamos uno al otro.

Si un ministro se llama a él mismo un ministro "independiente", por lo menos, desde el punto de vista espiritual, él debería ser responsable ante la iglesia local de donde salió; o si él pertenece a una asociación ministerial, es necesario que responda ante ellos.

El pastor es la cabeza espiritual de la iglesia local, por lo tanto, el ministro itinerante debe ser responsable ante el pastor mientras este ministrando en esa iglesia en particular. Y también es verdad que el pastor debe ser responsable ante alguien más. En primer lugar, por supuesto, en asuntos de ética ministerial e integridad, el pastor es responsable ante la congregación que supervisa.

Pero los ministros, incluidos los pastores, deberían pertenecer a algún tipo de asociación donde puedan recibir depósitos en sus vidas y ministerios, y operar en alguna clase de responsabilidad. Las Asociaciones ministeriales deberían ayudar a los ministros, no para tenerlos bajo control, sino para ser una bendición para ellos.

Entonces si un ministro es miembro de una organización, él debería ser responsable ante esa organización. Si un ministro se llama a él mismo un ministro "independiente", y no pertenece a ninguna asociación ministerial, por lo menos debería dar cuenta a su iglesia local de donde procede. La Biblia dice: *"... en la multitud de consejeros está la victoria"* (Proverbios 24:6).

Verdaderamente, en los Hechos de los Apóstoles, cuando surgía una pregunta doctrinal, los discípulos regresaban a su iglesia local que era la iglesia en Jerusalén (*vea* Hechos 15).

Cada pastor necesita un pastor y una iglesia local donde él mismo pueda periódicamente recibir ayuda. En otras palabras, todos nos necesitamos uno al otro. Los ministros también necesitan oír la predica y la enseñanza de la Palabra de Dios, al igual que sus congregaciones. Y algunas veces los ministros necesitan ser corregidos espiritualmente, al igual que sus congregaciones necesitan ser corregidos espiritualmente.

Algunos ministros han perdido sus iglesias o están fuera del ministerio hoy en día porque ellos no quisieron oír el consejo divino proveniente de ministros maduros. En algunos casos, si ellos hubieran prestado atención a alguien que era espiritualmente experimentado todavía estarían en el ministerio.

De vez en cuando algunos ministros me han llamado y pedido mi consejo acerca de algo que estaban planificando hacer en el ministerio. Algunas veces les advertí: "No hagas eso porque dañaras tu ministerio". Pero algunos de ellos no me escucharon. Yo sabía que lo que querían hacer no era bíblico ni sabio, pero ellos lo hicieron de todas maneras. En algunos casos, ellos naufragaron en sus ministerios y no están en el ministerio en la actualidad.

Algunas veces, personas han enseñado doctrinas que no respaldamos, pero que aseguran ser parte de Rhema. Tal vez han salido de nosotros, y alguna vez pudieron haber estado doctrinalmente correctos; pero, nosotros no respaldamos el error doctrinal que algunos están enseñando ahora.

Si, debemos estar a favor de la unidad del Cuerpo de Cristo, sea que seamos miembros de la misma iglesia local o no, porque el Cuerpo de Cristo es uno. Podemos meternos en problemas por no caminar en amor con los demás miembros del Cuerpo de Cristo.

De otra manera, Pablo mismo dijo: *"... que os fijéis en los que causan divisiones y tropiezos en contar de la doctrina que vosotros habéis aprendido; y que os apartéis de ellos*" (Romanos 16:17). Pablo dijo que se fijen en los que causan problemas, divisiones, y pleitos en el Cuerpo de Cristo, y que no tengan nada que ver con ellos.

Realmente, en algunos casos eso *es* caminar en amor. Si usted no se fija en ellos, y los hace responsables por sus pecados y por su error doctrinal, ellos tal vez nunca serían guiados al arrepentimiento, y podrían causar un tremendo daño al Cuerpo de Cristo. Usted tiene que preguntarse: *¿Qué haría el amor?*. En algunos casos, la más grande demostración del amor es poner al descubierto el error doctrinal, y proteger a los demás miembros del Cuerpo de Cristo de esa enseñanza extrema.

Si sus niños pequeños jugaran con fósforos, probablemente la primera vez les reprendería y les advertiría acerca del peligro del fuego. Si usted los encontrara nuevamente jugando con fósforos, usted probablemente les daría un buen golpe y les diría que se detengan. Pero si usted los encuentra jugando con fósforos por tercera vez, probablemente les daría unas buenas nalgadas para que lo recordaran bien.

¿Estaría actuando en amor? Claro que si. Usted tal vez habría salvado sus vidas porque podrían haber incendiado la casa. Lo mismo sucede en el Cuerpo de Cristo. Si, usted quiere actuar en amor, pero también hay el otro lado del amor. Jesús fue un Hombre de amor y poder mientras Él caminaba sobre la tierra, sin embargo, con una indignación justa, Él echó a los cambistas del templo (Juan 2:13–17).

Restauración Ministerial

Debido a que la iglesia local es como una familia, usted enfrentará los mismos problemas en la iglesia que los que enfrenta en la familia. Los hijos necesitan ser disciplinados, y algunas veces los miembros de la iglesia necesitan ser disciplinados o corregidos.

Pero lo mismo es verdad cuando se trata de pastores y ministros. Algunas veces los ministros experimentan problemas—moral, financiero y aun doctrinal—así como otra gente puede enfrentar otros problemas. Algunas veces ellos necesitan disciplina y corrección. Y debemos ayudarles cuando podamos.

Años atrás pregunte a un líder de cierta denominación: "Cuándo los ministros se equivocan y fallan, ¿por qué no se trata bíblicamente? La Biblia dice en Gálatas 6:1: '*...si alguno fuera sorprendido en alguna falta, vosotros que sois espirituales, restauradle con espíritu de mansedumbre, considerándote a ti mismo, no sea que tu también seas tentado*'. ¿Por qué los ministros no son restaurados como la Biblia instruye"?

Él respondió, "Hermano Hagin, yo creo que mucha gente que cae y peca podría ser restaurada. Si ellos desean arrepentirse y hacer lo correcto, deberían ser ayudados. Pero, si ellos no oyeren ni aceptaran el consejo bíblico, la asociación ministerial no tendría otra elección, ellos tendrían que revocar sus credenciales".

Yo estaba interesado en esto, porque sabía que algunos ministros que habían fallado y cometido errores podían haber sido restaurados. Algunos de ellos nunca volvieron al ministerio porque cuando se equivocaron, sus denominaciones lo hicieron público, y sus reputaciones fueron arruinadas.

Luego cuando todos sabían el problema, les dijeron a estos ministros: "*Ahora* ve y pruébate a ti mismo". Pero después que su caída fue hecha pública, ¡nadie quería tener comunión con ellos! Y los pastores no les permitirían que prediquen en sus iglesias, por lo cual, la mayoría de ellos nunca volvieron al ministerio.

¿Por qué no restauramos y recuperamos a los ministros que han cometido un error? Claro que si ellos no quieren ser restaurados ni desean vivir correctamente delante de Dios, eso es algo completamente diferente. Pero me estoy refiriendo a los ministros que quieren arrepentirse y hacer lo correcto.

En Gálatas 6:1, la Biblia dice, *"considerándote a ti mismo, no sea que tu también seas tentado"*. Después de todo, bajo las mismas circunstancias, alguno de nosotros podría no haber hecho lo que ellos hicieron. Pero si somos rápidos para criticar y juzgar a otros.

Yo estaba interesado en esto, así que fui al Señor en oración, y Le dije: "Señor, Tu Palabra dice, '*si alguno fuera sorprendido en alguna falta, vosotros que sois espirituales, restauradle con espíritu de mansedumbre...'* Le dije, "Señor, no dice que *destruyamos* a los ministros que fallan a través de hacer público sus problemas, dice que los *restauremos*. ¿Por qué no los restauramos"?

El Señor respondió y dijo: "Tu respuesta esta en ese versículo".

Yo no podía ver que es lo que Él estaba hablando. Le dije nuevamente: "Señor, ¿por qué no *restauramos* a los ministros que tropiezan y caen"?

Él dijo, "Tu respuesta está en ese versículo. Léelo nuevamente".

Lo leí nuevamente, pero todavía no lo podía ver. Le pregunte al Señor la tercera vez, y nuevamente Él dijo: "Tu respuesta esta en ese versículo. Léelo otra vez"

Le dije: "Bueno, si esta allí, no lo puedo ver".

Entonces lo leí una vez mas, "*...vosotros que sois* ESPIRITUALES..." ¡Lo vi! La Biblia dice: "Si hay alguno que es espiritual entre ustedes, ellos *restauraran* a aquellos que han caído—sin juzgar, criticar o destruirlos".

Le dije al Señor: "Oh, ya tengo la respuesta".

Hay una denominación que restaura a los ministros que han caído de una manera que creo que va de acuerdo las Escrituras. Por ejemplo, años atrás uno de sus ministros se involucró en un problema de moralidad con una de las damas de la iglesia. Él era casado y ella también lo era. Ambos se arrepintieron y estaban deseosos de caminar correctamente delante del Señor.

El supervisor del distrito vino a aconsejar al ministro y le dijo: "Sería bueno que cambiará de iglesia. No vamos hacerlo público porque se han arrepentido y han quedado bien entre ustedes. Vamos a restaurarlos, pero sería bueno que usted se mudara a otro estado, y le vamos dar una oportunidad para que se pruebe a usted mismo".

Así que después de un tiempo de restauración, ellos dieron al ministro a pastorear otra iglesia en otro estado, y no hicieron público que había caído. Pero ellos le contaron al supervisor del otro Estado acerca del problema del ministro para que lo puedan ayudar. Ellos practicaron esta Escritura y restaurarón al hombre, y le colocaron en una situación donde *pudiera* probarse a él mismo.

Sin embargo, este ministro en particular volvió hacer lo mismo, él tuvo un romance con una dama de esa iglesia también. El director del distrito fue a él la segunda vez y le dio un periodo de tiempo para que se restaure espiritualmente y restituya.

Pero esta vez le dijo al ministro, "Te vamos a dar una oportunidad más. Pero si caes en otro problema moral por tercera vez, no te restauraremos al pastorado nuevamente. Serás inmediatamente despedido, y no podrás renovar tus papeles con nosotros".

El Cuerpo de Cristo no debería hacer público todo lo que suceda dentro de su rango. Casos como este no debería ser ventilado en público. Los que estamos en la Iglesia deberíamos tener suficiente espiritualidad para tratar estos casos en privado y dentro de los confines de la Iglesia.

Cuándo algo sucede en su familia, ¿usted va y lo difunde? No, de la misma manera, la Iglesia es una familia. Deberíamos tener el suficiente sentido común para saber como tratar este tipo de problemas en la Iglesia, y ayudar a restaurar la vida de la gente, no arruinarla, y que puedan aprender a como ser una bendición al Cuerpo de Cristo.

Conozco a un ministro que fue utilizado poderosamente por Dios hace años atrás. Él se involucró en un problema moral, y el superintendente de esa denominación me contó: "La esposa de este hombre lo reconoció que ella era la culpable de todo esto. Ella admitió que nunca había sido una esposa para él, y esto causó que su esposo cayera. Pero ella se arrepintió, y su matrimonio fue restaurado".

El ministerio de ese hombre fue también restaurado, y él tuvo un ministerio fructífero. Puede ver, debemos salvar a la gente mientras podamos. El Cuerpo de Cristo debería estar involucrado en el negocio de salvar—restaurar gente— no destruirlas. Usted sabe que es algo totalmente diferente si la gente no quiere arrepentirse y hacer lo que es correcto. Si ellos desean seguir haciendo lo incorrecto, entonces deben ser tratados de acuerdo a las Escrituras.

Nosotros vemos la responsabilidad en el Nuevo Testamento (1 Corintios 5:5). Y siguiendo el patrón del Nuevo Testamento, aquellos discípulos que salieron de la iglesia de Jerusalén daban cuenta a esa iglesia (Hechos 15: 1–23).

En otras palabras, los ministros itinerantes dieron cuenta a su iglesia local. Y si había algún problema, ellos retornaban a la iglesia local de donde salieron para advertir o establecer los asuntos doctrinales (*vea* Hechos 15). Los discípulos respondieron ante la iglesia de la cual habían salido en lugar de exponerlo ante una congregación o junta externa.

Responsabilidad Financiera

Cada ministro necesita ser responsable financieramente ante alguien. Por ejemplo, en Rhema, tenemos una junta de asesores que son hombres de negocios exitosos. Ellos nos asesoran en los asuntos naturales, buscamos sus consejos en asuntos de negocios. Los ministros no deberían pensar que están por encima de recibir consejos, especialmente, cuando ellos pueden consultar a alguien que es experto en alguna área.

Nosotros somos responsables ante nuestra junta de asesores en los asuntos de negocios de Rhema. De hecho, algunos de ellos establecen nuestro salario. Luego, ellos nos dan la autoridad para establecer los salarios de nuestros empleados.

Una vez por año, tenemos una reunión de negocios por todo un día, y estos hombres de negocios examinan nuestros registros financieros. Todos nuestros libros son también auditados, por supuesto, por una firma profesional. Pero también somos responsables en los asuntos financieros ante esta junta de asesores. Esto está de acuerdo a las Escrituras porque la Biblia dice: "... *procurad lo bueno delante de todos lo hombres*" (Romanos 12:17).

Una iglesia o ministerio pequeño podría operar de manera diferente, pero cada ministro debería ser responsable, de alguna manera, por manejar los fondos de la iglesia si desea estar en línea con la Escritura.

Usted ve, esta es la parte natural del ministerio. Pero esa junta de asesores no tiene nada que ver con la supervisión espiritual de llevar una iglesia o ministerio. Ellos sólo nos dan consejo en los asuntos de negocios. El pastor tiene la supervisión *espiritual* de la iglesia. Y no hay mayor autoridad en el cuerpo local que el oficio del pastor.

Sin embargo, aun en las cosas espirituales, si un pastor necesita consejos, él debe tener el suficiente sentido común como para ir a los que tiene una sólida reputación bíblica, como Pablo hizo y obtuvo sus consejos, a fin de no correr su carrera espiritual en vano (Gálatas 2:2).

Etica y Etiqueta Ministerial

Una de las primeras cosas que debemos tener en cuenta sobre la ética ministerial es simplemente practicar la Regla de Oro: Haz a otros lo que te gustaría que hagan contigo.

Los ministros del evangelio necesitan siempre tener en cuenta que ellos son hijos de su Padre Celestial, quien es un Dios de amor. El amor de Dios ha sido derramado en nuestros corazones por el Espíritu Santo (Romanos 5:5). Pero aún los ministros tienen que permitir que sus corazones los controlen cuando tratan a la gente y otros en el ministerio.

Si los ministros caminan en amor con sus consiervos ministros, y con los hermanos cristianos, entonces ellos estarán caminando a la luz de la Palabra de Dios. Un ministro puede cumplir el plan, voluntad y propósito de Dios para su vida mientras camine a la luz de la Palabra y voluntad de Dios.

El caminar en amor con sus consiervos ministros incluye practicar la etiqueta ministerial. Pastores y ministros itinerantes necesitan darse cuenta que ellos son obreros *en unidad* en la Cosecha del Señor—no obreros *separados.*

Yo fui pastor por casi doce años. Estoy tan contento que Dios me dio el glorioso privilegio de pastorear. De vez en cuando pienso que cada maestro, profeta, y evangelista en el campo debería pastorear por lo menos por dos o tres años. Ellos aprenderían lecciones invalorables al tratar a la gente por medio de pastorearlas. Probablemente ellos no irían a la iglesia con enseñanzas y acciones antibíblicas que alguno de ellos predica y demuestra.

También, algunas veces pienso que cada pastor se beneficiaría al salir al campo por dos o tres años. Entonces él aprendería a cómo tratar a los ministros itinerantes cuando vayan a su iglesia.

Pero cuando un ministro itinerante viene a la iglesia de un pastor, él debe darse cuenta que es un invitado en esa iglesia; él no puede venir y tomar el control y hacer lo que se le antoje hacer.

El ir a la iglesia de otro hombre, y tratar de tomar el control, y hacer las cosas a su manera es como ir a la casa de otra persona y tratar de tomar el dominio. Una persona no pensaría hacer eso en lo natural, entonces ¿por qué trataríamos de hacerlo en el ámbito espiritual de una iglesia local?

Puede ver, yo no tengo la autoridad para ir a su casa, y decir: "No me gusta este dormitorio, ¡Voy a derrumbarlo! Y tampoco me gusta la mesa del comedor, ¡Lo voy a cortar en pedazos como leña!".

El mismo principio funciona en la casa de Dios. Yo no tengo ningún derecho de ir a la casa de Dios—a la iglesia de otro hombre—y tratar de controlar y hacer lo que yo quiera. El pastor es el que está en autoridad en la iglesia local.

Un pastor me escribió una vez, contándome sobre su iglesia. Él tenía como doscientas personas en su congregación. Otro ministro decidió que era un apóstol, entonces vino al pastor y le dijo: "Yo soy un apóstol ahora. Dios me ha mostrado que tu iglesia es una de *mis* iglesias, y tengo que supervisarla. Debido a que soy un apóstol, puedo venir en cualquier momento que quiera y tomar control del púlpito y predicar si veo que es conveniente".

Eso no sólo está fuera de ética, ¡No está de acuerdo con las Escrituras! ¡Yo le diría, en el amor de Dios, a tal charlatán que siga su camino! ¿Podría yo hacer eso en amor? Déjenme preguntarles esto: "¿Jesús actuó en amor cuando tomó un látigo y echó a los cambistas fuera del templo (Juan 2:14–17)? Él les dijo: "*... Escrito está: Mi casa es casa de oración; mas vosotros la habéis hecho cueva de ladrones*" (Lucas 19:46). Por supuesto que sí. Jesús era un hombre de amor.

Alguno de estos así llamados apóstoles tratan de controlar la iglesia de un pastor a fin de tomar las ofrendas para ellos mismos. Cualquiera que hace esto es un ladrón y ratero de todas maneras. Después de todo, ellos no comenzaron la iglesia, el pastor es el que trabajó en el ministerio a favor de ese cuerpo local. Él aún pudo haber comenzado la obra. Él no debería permitir a nadie que venga y tome el control de su iglesia.

¡Yo estoy a favor de ustedes pastores! Yo creo en la iglesia local. Los pastores no deberían prestar ninguna atención a la gente que no cree en la iglesia local, y no están comprometidos al cuerpo local, o aquellos que vienen y tratan de controlar a sus iglesias.

Este pastor en particular le dijo a ese sujeto: "No, tú no puedes tomar control de mi púlpito. Tú puedes venir al servicio si tú quieres, pero te vas a sentar en la banca como cualquier otro. Yo soy el pastor aquí".

Mucha gente hoy en día está menospreciando a los pastores y tratan de imponerse sobre ellos. Yo leí una transcripción acerca de lo que cierto supuesto apóstol enseñó. Cuándo este sujeto terminó de hablar sobre los pastores, ¡él había rebajado el oficio del pastor a tal grado que usted hubiera pensado que un pastor era peor que un pobre pelagatos!

Pero esto no es lo que la Biblia dice. La Biblia dice: *"Palabra fiel: Si alguno anhela obispado, buena obra desea"* (1 Timoteo 3:1). La Biblia dice que el oficio de un obispo o pastor es una *buena obra.*

Este supuesto apóstol enseñó que porque la palabra "pastor" se hallaba sólo una vez en el Nuevo Testamento, (y eso es técnicamente correcto en la traducción King James, Biblia en Inglés), por lo tanto, no debe ser un oficio muy importante.

Pero este supuesto apóstol no hizo bien su tarea, porque el oficio pastoral es mencionado una y otra vez en las Escrituras. Como lo he dicho, se encuentra en las palabras—*obispo, supervisor, pastor*, y *anciano.* Todos estos apuntan al mismo oficio—el oficio pastoral. Realmente, "*anciano*" también significa aquellos que han sido llamados a los cinco dones ministeriales. Cada ministro ordenado es un anciano.

Pero cuídese de aquellos tipos que dejan un rastro detrás de ellos con iglesias que han dividido y resquebrajado, y los que han causado pleitos y disensiones. Yo no los tendría en mi iglesia. Eso no significa que están en contra de ellos. Usted puede amarlos tanto como lo hizo antes. Pero si están en contra del error porque sus frutos no son sanos bíblicamente.

Otra área donde los ministros itinerantes necesitan tener sabiduría y etiqueta ministerial es saber lo que debe ser tratado públicamente, y que áreas del ministerio deberían ser tratadas privadamente.

En todos mis años de ministerio, he tratado muy raras veces en forma pública los problemas personales. Algunos de estos personajes que van revelando asuntos privados, tratando con los problemas íntimos de otra gente en forma pública están fuera de orden. Y estos necesitan ser puestos en orden por el pastor de la iglesia local.

Yo siempre tuve como una práctica, aun cuando siento que el Señor desea que ministre en forma especifica a un individuo en una área personal, en primer lugar involucrar al pastor y obtener su permiso. En segundo lugar, he procurado ministrar discretamente a fin de evitar que la persona sea avergonzada.

Cuando predico en la iglesia de otra persona, pido el permiso del pastor antes de tratar con cualquier asunto sensible que involucre a los miembros de su congregación. No tengo ningún derecho para ministrar, privadamente o personalmente, a la oveja de otro pastor sobre temas delicados sin su permiso. Cualquier individuo que hace esto es un bribón.

Cualquier predicador que va a la iglesia de un pastor y trata de ministrar a la oveja de alguien más sin el permiso de su pastor, está fuera de línea y fuera de orden. Es un bribón. Necesita oración. ¡Doce hombres fuertes deberían sacarlo y llevarlo doce kilómetros lejos al campo, y orar por él por doce horas!

Como ministro itinerante, al probar ser responsable al ministrar en una iglesia local, los pastores fueron siempre muy corteses al darme su plena confianza para ministrar a su rebaño. He probado mi ministerio por actuar en discreción y en sabiduría.

Discreción Ministerial

Dios no coloca neófitos en posiciones de autoridad. Una razón por que no lo hace es porque toma tiempo madure en el ministerio, y aprender a confrontar situaciones con sabiduría. Un neófito puede arruinar la situación si no sabe como ministrar con discreción y sabiduría en alguna de esas áreas.

Por ejemplo, un ministro itinerante necesita saber como ministrar discretamente cuando va a la iglesia de otra persona. Sobre todo los profetas deben ser discretos en los asuntos que Dios les revela con relación a otros.

Yo sostuve una reunión en la iglesia de cierto pastor, y después del servicio hice un llamado para sanidad. Una joven pasó al frente para oración. Tan pronto como comencé a orar por ella, supe exactamente lo que le sucedía. También supe que su matrimonio estaba a punto de romperse, y cuál era la razón de ese rompimiento.

Pero este era un asunto privado, por lo cual no lo trate en público. Un profeta, o cualquier ministro itinerante por esta causa, necesita ser cuidadoso porque no siempre debería hablar todo lo que oye y ve en el espíritu. Al hacer esto, él puede avergonzar a la persona que está ministrando, al pastor, y aún a la congregación.

Aparte de eso, el profeta es un invitado en la iglesia de ese pastor, y como invitado, él necesita someterse al pastor, porque no hay autoridad mayor en el cuerpo local que el oficio pastoral. En este caso, aun cuando yo sabía por revelación del Espíritu Santo, lo que estaba mal con esa mujer, fui al pastor primero, y le conté lo que vi.

Le dije: "Yo sé que el matrimonio de esta joven mujer está a punto de romperse, y sé exactamente el porque. Pero no voy a tratar esta situación sin su permiso".

Observe que, aunque el Señor me había revelado algo sobrenaturalmente a través del oficio de profeta por los dones de revelación del Espíritu, yo nunca daría consejería a la oveja de otro pastor sin su permiso. Los profetas necesitan ejercer algo de discreción, sentido común, y ética ministerial en este tipo de asuntos.

El pastor me dijo: "Mi esposa y yo la hemos aconsejado, tratando de ayudarla. Si usted puede ayudar a esta mujer y a su esposo, deseo que lo haga". El pastor, su esposa, y yo ministramos a esta mujer en privado, y ella fue totalmente libre.

Los ministros itinerantes que no someten sus ministerios al pastor de la iglesia local donde predican están en un error. Por ejemplo, he oído acerca de algunos supuestos profetas que van a la iglesia de otro pastor, y frente a la congregación toman el servicio y dicen: "Voy a echar fuera el demonio de Fulano de tal".

El profeta no tiene derecho de actuar así sin el permiso del pastor. Y usualmente no es un problema demoníaco en lo absoluto. Aún si lo fuera, no es lo suficiente sabio tratarlo en forma pública, cuando hay bebés cristianos en la congregación que no lo entenderían.

Pero el punto es que no es asunto de los ministros itinerantes tratar personalmente con las ovejas de otro pastor sin su permiso. Después de todo, el pastor es el encargado del cuerpo local, y es el responsable de esa congregación. Y en primer lugar, los ministros visitantes no deberían estar por ahí tratando de arreglar algunos de estos asuntos en público. Los ministros requieren de discreción y sabiduría al tratar con la gente de la iglesia local.

Yo podría contarle experiencias tras experiencias como ésa. Cada vez, a pesar de estar bajo el oficio de profeta, y saber cosas por medio de una revelación sobrenatural del Espíritu Santo, yo nunca usurpé la autoridad del pastor.

Ningún ministro itinerante, incluyendo al profeta, está por encima del pastor de la iglesia local. Ese pastor sigue siendo el supervisor de su propia iglesia, él es responsable de sus ovejas. Como invitado en una iglesia, el profeta no está en autoridad, sino el pastor. Cualquier ministro itinerante necesita someter su ministerio al pastor de la iglesia local donde esté ministrando. Esto no es sólo ético y apropiado, sino una buena etiqueta ministerial.

Algunas personas dicen: "Bueno, alguien tiene que predicar y enseñar la verdad".

Un ministro itinerante puede predicar la verdad de la Palabra de Dios. Pero el pastor sabe si su congregación todavía no está lista para oír una enseñanza en particular, aunque sea totalmente bíblica. Algunas enseñanzas podrían hacer mas daño que bien, si una congregación no es espiritualmente madura. Aún podría dividir la iglesia.

Ese pastor está con ellos todo el tiempo. Si él es un verdadero pastor, él conoce a su gente; o él sabe que la gente ha recibido mucha enseñanza sobre un tema en particular, y lo que ellos necesitan son enseñanzas sobre otros temas que equilibren su dieta espiritual. El ministro itinerante no necesariamente sabrá esto.

Hay una correlación entre el ámbito natural y el ámbito espiritual. Por ejemplo, en lo natural usted no puede alimentar a un bebé con un bistec porque podría morir. De igual manera, es verdad en lo espiritual. Y es la responsabilidad del pastor asegurarse que su congregación sea alimentada con la dieta espiritual apropiada.

Ningún ministro itinerante debería ser un divisor de iglesias. Él debería edificar y bendecir al cuerpo local. Y aún cuando el profeta está equipado con los dones espirituales, ellos necesitan aprender cuál es su propósito, y saber usarlos en forma constructiva y con discreción. Si los profetas tuvieran algo de sabiduría, ellos no estarían revelando todo lo que ven y oyen en el Espíritu.

Cualquier ministro itinerante, incluyendo al profeta, tiene que ser lo suficientemente caballero—y cristiano—para decirle de antemano al pastor: "Corríjame si estoy equivocado". No es correcto que una oveja inocente sea herida por algún ministro itinerante que no ministra con discreción y sabiduría.

Al paso de los años, le he dicho a cada pastor para quien haya predicado: "usted es la cabeza de este cuerpo local, no yo. Jesús es la Cabeza de la Iglesia, y usted está pastoreando bajo esa autoridad. Si yo enseño algún tema que no desea que enseñe, dígamelo, y yo evitaré ese tema. O si usted me ve haciendo algo que no quiere que haga, sólo dígamelo y no lo haré más". Queridos amigos, allí es donde se da la real sumisión.

Algunos de esos pastores me dieron maravillosos consejos, y en alguno de los casos, sonaba a una crítica constructiva. No fue destructivo porque no me destruyó, sino que gratamente me bendijo, y me ayudó a cambiar en algunas áreas. Esos pastores tenían el mismo Espíritu Santo que yo tengo. Y la Palabra nos enseña que somos colaboradores unidos, y no separados: "*Porque nosotros somos colaboradores de Dios...*" (1 Corintios 3:9). Eso significa que podemos aprender uno del otro.

Si el ministerio del profeta está debidamente sometido al pastor de la iglesia local, habrá tiempos que el Señor revelará al profeta cosas que ayudarán y beneficiarán a éste. Un pastor puede confiar en un ministerio aprobado y espiritualmente sometido.

Por supuesto, que un profeta no sólo habla y revela todo lo que ve y oye. De hecho, muy raramente lo comparto. Usualmente, trato con la persona en privado. No los llamo adelante y trato con ellos en forma pública frente a toda la congregación. Un profeta debe ser cuidadoso para que no avergüence a nadie innecesariamente.

Cuando salía al campo ministerial, yo siempre sometía mi ministerio al pastor de la iglesia donde iba a ministrar. Y siempre fui invitado a regresar a cada iglesia porque no dejé a las iglesias hechas un lío. Yo conozco ministros que no pueden regresar a las iglesias donde ministraron debido al problema doctrinal y los pleitos y confusión que causaron. Esa es la razón por qué los ministros itinerantes necesitan someter sus ministerios al pastor local.

Muchas dificultades han sido causadas en el Cuerpo de Cristo por falsos pastores, falsos apóstoles, y falsos profetas. Las iglesias han sido destrozadas y han perdido miembros debido a enseñanzas antibíblicas en esta área.

Cualquier verdadero ministro del evangelio, sin importar en que oficio está, viene para bendecir a la gente, a la iglesia, y a la comunidad. Si un ministro viene a una iglesia por un beneficio personal, o para generar pleitos y confusión, entonces es un falso ministro del evangelio.

'YO NO SOY LADRÓN DE OVEJAS'

Hay otra área de la ética y etiqueta ministerial con respecto al oficio pastoral. Y es en el área de robar la oveja de otro pastor.

Una iglesia que pastoreé en el este de Tejas tenía otras iglesias vecinas alrededor. Tres familias que vivían cerca de mi hogar, asistían a esas otras iglesias.

Estas otras iglesias no tenían servicios los jueves por la noche como nosotros, por lo tanto estas familias venían a nuestras reuniones de jueves por la noche. Era durante la Segunda Guerra Mundial cuando hubo racionamiento de la gasolina. Uno de los líderes de una de estas otras iglesias vivía en la calle del frente.

Él se me acercó, y dijo: "Hermano Hagin, por causa del racionamiento de la gasolina, en lugar de manejar todo el trecho hasta nuestra iglesia, nos gustaría comenzar a venir a su iglesia. Después de todo, su iglesia está al frente de la calle y nosotros podemos ir caminando".

Le contesté: "No, no se una a mi iglesia. Ellos lo necesitan en su iglesia porque usted es uno de los miembros principales del consistorio. Ellos necesitan su apoyo y sus finanzas, especialmente en este momento porque están en un programa de construcción del templo".

Observe que la Biblia dice que debemos considerar a nuestros hermanos antes que a nosotros mismos. Además, Yo no soy ladrón de ovejas.

Tiempo después, algunos de los miembros del consistorio de mi iglesia me dijeron: "Hermano Hagin, estas personas que asisten a las otras iglesias viven cerca de su casa. Usted debe tratar que se unan a su iglesia. Sería de gran ayuda financiera".

Yo respondí: "Señores, Yo no soy ladrón de ovejas. Yo no le voy a robar ovejas a otro pastor".

Ahora bien, no me mal interprete. Esta gente pertenecía a la iglesia del Evangelio Completo. Si ellos hubieran pertenecido a una vieja iglesia muerta, que enseñan que el hablar en lenguas y la sanidad divina son del diablo, ese hubiera sido un caso diferente.

En un caso como ese, no hubiera rechazado a alguien que quisiera venir a oír el Evangelio *Completo* del Señor Jesucristo. Y hubiera sido caminar en amor al hacerlo. De otra manera, ellos nunca hubieran llegado a tener conocimiento de sus derechos de pacto en Cristo.

Finalmente, otro de los hombres que vivían cerca de mi casa, vino y me dijo: "hermano Hagin, mi esposa y yo queremos asistir a su iglesia".

Yo sabía que este hombre sólo iba ocasionalmente a una de estas iglesias vecinas. Le dije: "Hable con su pastor al respecto, y yo también hablaré con él. Si él esta de acuerdo, y él lo recomienda, lo aceptaré. De otra forma, no lo haré porque yo no soy ladrón de ovejas".

Hablé con su pastor, y él me dijo: "hermano Hagin, insisto en que acepte a esa familia".

Le respondí: "Usted sabe que no estoy detrás de su oveja".

Él dijo: "Si, yo sé eso. Pero, realmente, por causa del esposo, me gustaría que los acepte. Él asiste a nuestra iglesia esporádicamente. Su esposa es una de las mejores trabajadoras y sería un sacrificio dejarla ir. Pero tal vez usted podrá influenciar en su esposo a caminar con Dios. Yo creo que usted puede ayudarle. Por esta causa, me gustaría que los reciba".

En el corazón de este pastor sólo había el interés de ayudar a este hombre. Y gracias a Dios, Dios me mostró como ayudarlo, y él y su esposa llegaron a ser una gran bendición a la iglesia. Pero el punto que trato de remarcar es que el ministro necesita aprender no sólo ética *cristiana,* sino también ética *ministerial.*

Déjeme darle otro ejemplo de ética ministerial. Después de salir al campo ministerial, durante unos siete años, yo llevé a cabo cinco reuniones para cierto pastor en una gran ciudad. En el transcurso del tiempo, otro pastor me pidió que viniera a la misma ciudad, y llevara a cabo una reunión para él. Yo no había regresado a la primera iglesia en dos años, y ésa era una gran ciudad.

Pero yo quería ser ético y caminar en amor en cada situación, así que contacté al hermano Braun, el pastor de la primera iglesia donde sostuve esas reuniones. Yo quería darle la preferencia, y colocarlo en primer lugar, y no causar problemas entre los pastores de esa ciudad.

Llamé por teléfono al hermano Braun y le dije, "Hermano Braun, he predicado para usted varias veces durante estos años. Recientemente otro pastor de su ciudad me ha pedido que lleve a cabo reuniones para él. Yo pienso que puedo seguir adelante, si usted cree que es lo correcto para usted".

Aún si hubiera sido guiado a ir a ésta otra iglesia, si el pastor hubiera dicho: "No vayas". Yo no hubiese ido. Yo no voy a crear división y pleito entre pastores de esa ciudad. Pero yo sabía que este pastor era un hombre de Dios y me animó a que fuera.

Él me dijo, "Hermano Hagin, ese pastor es un buen hombre de Dios. Si se siente guiado a ir, vaya. Nosotros iremos, y le ayudaremos".

¿Quién me dijo que practique este tipo de cortesía ministerial? El Espíritu Santo que habita en mí y la Palabra de Dios. La Biblia dice que debemos ser hacedores de la Palabra, y preferir a los hermanos antes que a nosotros mismos.

Como ve, yo había ido a esa otra iglesia varias veces por un periodo de siete años. Probablemente, la mitad de sus miembros fueron salvos en los avivamientos que sostuve para ellos. Si yo hubiera llegado a esa ciudad para predicar en otra iglesia, la mitad de su congregación hubiese ido a escucharme. Eso podría haber causado problemas, o el pastor hubiese podido perder a algunos de sus miembros por causa de ello.

Ésta era una ciudad grande, y estas iglesias estaban lo suficientemente lejos la una de la otra, y todo hubiese salido muy bien. Pero por otro lado, debemos tener respeto por nuestros hermanos ministros y miembros del Cuerpo de Cristo, y no imponerse uno al otro.

Yo no quiero decir que he practicado este tipo de cortesía sólo una vez, he seguido esta práctica a través de los años en mi ministerio porque quiero ser ético en todos mis asuntos del ministerio.

¡He visto ministros que sostienen reuniones durante una semana en una iglesia y prácticamente cruzan la calle y a la semana siguiente empiezan otra reunión para alguien más! Y eso crea confusión y división en la ciudad y pleitos entre pastores.

También he visto a pastores asociados dividir una iglesia por algún asunto, y luego se llevan a la mitad de la congregación dos o tres cuadras más allá y ¡comienzan otra iglesia! Eso no es ético. Los ministros del Evangelio no deberían dividir el rebaño.

Ésa es la razón por la que algunas personas en el mundo no creen en los ministros y han perdido la fe en la iglesia. Algunos ministros han creado mucho estrago y confusión al dividir iglesias y matar espiritualmente a los corderos pequeños. Si los pastores asociados o miembros de la iglesia no pueden sobrellevar la manera cómo se administra una iglesia, entonces deberían dejar la iglesia. Pero no necesitan crear división al hacerlo.

Algunos ministros que dividen a las iglesias dicen, "El Señor me dijo..." ¡No permita que se responsabilice al Señor! Él no es así. Algunas personas tratan de escapar de sus errores utilizando la excusa, "El Señor me dijo que lo hiciera". El Señor nunca le ha dicho a nadie que sea ladrón de ovejas o que divida una iglesia.

Yo le diré la verdad del asunto. Si los ministros viven bien y hacen lo correcto, la gente va a creer en ellos. Hay una gran carencia en el Movimiento Carismático de compromiso, consagración, y respeto por las cosas de Dios. Los ministros del evangelio necesitan tener tal integridad que rechacen hacer cualquier cosa que comprometa al evangelio que predican.

Los pastores no deberían enseñar a los miembros de sus iglesias a que saquen a los miembros de otras iglesias al decir, "Deberías venir a mi iglesia. Tenemos más del Espíritu Santo que cualquier otro". Los pastores, como cualquier otro ministro, necesitan ser irreprochables aún en la manera de captar nuevos miembros.

Algunos pastores pasan todo su tiempo intentando captar a miembros de las iglesias vecinas. Cualquier pastor que hace eso es un ladrón de ovejas. ¡En vez de hacer eso, él debería iniciar programas para la iglesia a fin de alcanzar a los que no son salvos y a los que no asisten a una iglesia!

Yo conozco a un evangelista que sostuvo una reunión para un pastor en particular. Cada año venía a la iglesia de este pastor, y llevaba a cabo una reunión para él. La congregación se duplicó bajo el ministerio de este evangelista.

Un día, este evangelista vino al pastor y le dijo, "Voy a iniciar una iglesia cerca de aquí utilizando a sus miembros, los miembros del hermano Fulano y del hermano Mengano".

Este evangelista construyó sobre la obra de otros ministros. Él fue un ladrón de ovejas. Yo observé el ministerio de este evangelista. Aunque estaba en sus treintas, al cabo de cuatro años murió. Él no se juzgó a sí mismo, por lo cual Dios tuvo que juzgarlo. La Biblia dice, *"Si, pues, nos examinásemos a nosotros mismos, no seríamos juzgados"* (1 Corintios 11:31). Es un asunto serio el herir al Cuerpo de Cristo con prácticas fuera de ética.

Yo he estado en el ministerio por más de cincuenta años. He visto a predicadores—pastores, evangelistas, maestros—*ministros del evangelio*, escalando sobre el ministerio y reputación de otros, tratando de llegar a la cumbre de los círculos Cristianos.

He tenido también personas que intentaron escalar espiritualmente utilizándome a mí y mi nombre. El hacer esto es una mentira. La gente que hace eso gradualmente caerá porque no está edificándose en la Palabra; ellos están basando sus ministerios y reputación en una mentira. Y no están siendo éticos.

Esforcémonos en prepararnos a fin de poder cumplir con el propósito de Dios para cada una de nuestras vidas. Primero, preparemos nuestros corazones en la Palabra y esperando en la presencia de Dios en oración. La Biblia promete que aquellos que buscan al Señor con todo su corazón lo encontrarán. Al consagrarnos y dedicarnos nuestras vidas al Maestro, Él nos puede usar para ser una bendición para el Cuerpo de Cristo y para el mundo.

Palabra de Profecía

Hay algunas personas, aún en el ministerio, incluyendo a las esposas de los ministros, que han sido usadas de alguna manera en el área de los dones del Espíritu. Pero después fallaron en algunas áreas, fueron heridos y dijeron: "No volveré a hacer esto otra vez".

Pero el Espíritu del Señor está diciendo que aviven el don que está en ustedes y pongan de lado esa herida y que se propongan, "No fallaré la próxima vez". Y mientras caminen en el Espíritu, y operen en el Espíritu, otros comenzarán a creer en ustedes, y serán bendecidos en lo que hagan. Y aún los que están alrededor de ustedes vendrán a ver y dirán, "Ciertamente el Espíritu Santo está manifestándose a través de ellos".

Y después están aquellos cuyos errores pasados, fracasos e incluso pecados han adormecido sus espíritus, por así decirlo. He incluso algunos que están en el ministerio han pensado, *Ya no voy a operar en esta área de ministerio nunca más. La gente no tendrá confianza en mi.*

Pero esto dice el Señor: El pasado ya pasó y debe ser olvidado. La sangre de Cristo limpia de todo pecado, y Yo los veo como si no hubiesen cometido ningún error.

Así que aviva el don, y en algunas ocasiones, los dones que están en ti por la unción del Espíritu Santo sobre ti, y empieza nuevamente a cederte al Espíritu Santo. Y verás que mientras te cedes al Espíritu, y mientras ministres bajo la unción, tú volverás al mismo nivel en que estabas en el Espíritu, y tú continuarás desde allí.

Y parecerá que hay una doble porción del Espíritu sobre ti. Y los hombres te verán y se maravillarán y dirán, "Oh, la maravillosa gracia de Dios". Y Yo recibiré toda la gloria, dice el Señor, y no el hombre. Para que la obra de Dios sea hecha en la tierra.

Y si pudiese decir algunas de las cosas que sucederán en algunos de sus ministerios, ustedes podrían retroceder en incredulidad y decir, "No hay posibilidad que eso sea así". Pero mientras sean fieles y caminen Conmigo y aprendan a caminar con el fluir del Espíritu Santo, realmente sucederá. Y aquellos que están a su alrededor sabrán que son Mis amados, equipados por el Espíritu, llamados por Dios, y calificados para llevar las buenas nuevas al mundo.

> Así que regocíjense y alégrense porque está a punto de manifestarse en la tierra a través de Mi Cuerpo, el cual es la Iglesia, una cosecha gloriosa, que será recogida, y un glorioso mover del Espíritu. Para que la obra de Dios sea hecha y será la causa de mucho regocijo.

Oración de Consagración

Diga esto con todo su corazón como una oración de dedicación y consagración:

> Padre, yo propongo en mi corazón cederme al Espíritu Santo, el ser motivado por el Espíritu de Dios, y el ser regulado por la Palabra de Dios. Porque la Palabra y el Espíritu concuerdan.
>
> Yo propongo en mi corazón aprender a cómo fluir con el Espíritu Santo. Si la unción no está ahí para ministrar con los dones del Espíritu, yo seguiré adelante y compartiré la Palabra, y dejaré a Dios los resultados.
>
> Cuando la unción venga, yo seré fiel en hablar y ministrar bajo la unción del Espíritu Santo, así como Él dirige. Al consagrarme y dedicarme a Dios y a Su Palabra, yo permitiré al Señor Jesucristo, la Cabeza de la Iglesia, colocarme en mi lugar en el Cuerpo de Cristo para ministrar como Él desee y elija.
>
> Padre, yo propongo en mi corazón el ministrar y vivir de tal manera que nunca traiga reproche al Nombre de Jesús. Yo levantaré el Nombre de Jesús y me propondré ser una bendición para otros, no deseando mi propia gloria o que mi nombre o ministerio sea magnificado. Yo pido eso en todo lo que haga, Jesucristo recibe la gloria y la alabanza. Amén.

Oración de Salvación

Para Recibir A Jesús Como Salvador

Amado Padre Celestial . . .

Vengo a Ti en el Nombre de Jesús.

Tu Palabra dice, *" y al que a me viene, no le echo fuero"* (Juan 6:37). Así que yo sé que no me echarás fuera, pero me aceptarás, y te doy gracias por éllo.

Dijiste en Tu Palabra, *"porque todo aquel que invocare el Nombre del Señor, será salvo"* (Romanos 10:13). Estoy invocado Tu Nombre, y así sé que me has salvado.

También dijiste, *"que si confesares con tu boca que Jesús es el Señor, y creyeres en tu corazón que Dios le levantó de los muertos, serás salvo. Porque con el corazón se cree para justicia, pero con la boca se confiesa para salvación"* (Romanos 10:9–10). Crea en mi corazón que Jesucristo es el Hijo de Dios. Creo que fue resucitado de los muertos para mi justificación. Le confieso ahora como mi Señor.

Porque Tu Palabra dice, *"Con el corazón se cree para justicia,"* y yo creo en mi corazón; ahora he sido hecho la justicia de Dios en Cristo (2 Corintios 5:21) . . . y ¡yo salvo!

Gracias, Señor!

Firmado____________________________________

Fecha_____________________________________